Eine Arbeitsgemeinschaft der Verlage

Böhlau Verlag · Wien · Köln · Weimar
Verlag Barbara Budrich · Opladen · Toronto
facultas.wuv · Wien
Wilhelm Fink · Paderborn
A. Francke Verlag · Tübingen
Haupt Verlag · Bern
Verlag Julius Klinkhardt · Bad Heilbrunn
Mohr Siebeck · Tübingen
Nomos Verlagsgesellschaft · Baden-Baden
Ernst Reinhardt Verlag · München · Basel
Ferdinand Schöningh · Paderborn
Eugen Ulmer Verlag · Stuttgart
UVK Verlagsgesellschaft · Konstanz, mit UVK/Lucius · München
Vandenhoeck & Ruprecht · Göttingen · Bristol
vdf Hochschulverlag AG an der ETH Zürich

für
Sabine und Aaron

Ingo Balderjahn

Standortmarketing

2., komplett überarbeitete Auflage

UVK Verlagsgesellschaft mbH · Konstanz
mit UVK/Lucius · München

Prof. Dr. Ingo Balderjahn lehrt Betriebswirtschaftslehre – insbesondere Marketing – an der Universität Potsdam.

Die 1. Auflage dieses Buches ist 2000 im Verlag Lucius & Lucius erschienen.

Online-Angebote oder elektronische Ausgaben sind erhältlich unter www.utb-shop.de.

Bibliografische Information der Deutschen Bibliothek
Die Deutsche Bibliothek verzeichnet diese Publikation in der
Deutschen Nationalbibliografie; detaillierte bibliografische Daten
sind im Internet über <http://dnb.ddb.de> abrufbar.

Das Werk einschließlich aller seiner Teile ist urheberrechtlich geschützt. Jede Verwertung außerhalb der engen Grenzen des Urheberrechtsgesetzes ist ohne Zustimmung des Verlages unzulässig und strafbar. Das gilt insbesondere für Vervielfältigungen, Übersetzungen, Mikroverfilmungen und die Einspeicherung und Verarbeitung in elektronischen Systemen.

© UVK Verlagsgesellschaft mbH, Konstanz und München 2014

Lektorat: Rainer Berger
Einbandgestaltung: Atelier Reichert, Stuttgart
Einbandmotiv: istockphoto.com, bubaone
Druck und Bindung: fgb · freiburger graphische betriebe, Freiburg

UVK Verlagsgesellschaft mbH
Schützenstr. 24 · 78462 Konstanz
Tel. 07531-9053-0 · Fax 07531-9053-98
www.uvk.de

UTB-Nr. 4195
ISBN 978-3-8252-4195-7

Vorwort zur 2. Auflage

Die erfolgreiche Vermarktung von Wirtschaftsstandorten ist im Zuge der Globalisierung immer wichtiger für einzelne Länder, Regionen und Städte geworden. Mit der Gewinnung von attraktiven Investoren sind für Regionen oft viele Vorteile verbunden. Das in die Region fließende Kapital schafft Arbeitsplätze, Wohlstand und Steuereinnahmen. Aber wie lassen sich Standorte vermarkten? Standorte sind keine Waren, die gekauft werden können, sie sind immobil und werden von zahlreichen Akteuren mit zum Teil recht unterschiedlichen Interessen genutzt. Das Marketing mit seinen Prinzipien der Kunden- und Wettbewerbsorientierung sowie der differenzierten Marktbearbeitung ist nicht auf Gütermärkte beschränkt. Grundsätzlich können nach diesen Prinzipien und den damit verbundenen Modellen, Methoden und Instrumenten Standorte im Wettbewerb um Zielgruppen erfolgreich gemanagt werden. Das vorliegende Buch liefert, nun in der 2. Auflage, in knapper und übersichtlicher Form grundlegende Hinweise über die Strukturen des Standortmarketing und zur Entwicklung einer Standortmarketing-Konzeption. Dazu gehört eine umfassende Standortanalyse, die Formulierung von Leitlinien und Zielen der Standortentwicklung sowie die Planung geeigneter Standortstrategien und die Durchführung von Maßnahmen. Eine wesentliche Grundlage für den erfolgreichen Einsatz des Marketing für die Standortvermarktung stellen genaue Kenntnisse über das Standortwahlverhalten von privaten Unternehmen dar. Diesem Thema ist ein eigenständiges Kapitel gewidmet. Darüber hinaus müssen die spezifischen Vermarktungsbedingungen bei Standorten berücksichtigt werden. Standortmarketing ist nicht die Angelegenheit einer Person oder Institution. Nur wenn es gelingt, die relevanten Akteure einer Region an einen Tisch zu bekommen, um gemeinsam über die Eckpfeiler der wirtschaftlichen Entwicklung und Profilierung eines Standortes zu entscheiden, hat ein effizientes Standortmarketing eine Chance. Grundlage für die Abfassung des Buches bilden wissenschaftliche Forschungen des Autors sowie zahlreiche Beteiligungen an Standortmarketingprojekten der Praxis.

Bedanken möchte ich mich insbesondere bei meiner Sekretärin, Frau Ines Belitz, für unterstützende Arbeiten bei der Abfassung des Manuskriptes.

Berlin und Potsdam im Sommer 2014
Univ.-Prof. Dr. Ingo Balderjahn

Inhalt

Vorwort zur 2. Auflage 5

1	**Grundsätze des Standortmarketing**............................... 9	
1.1	Regionen, Standorte und Standortwettbewerb 9	
1.2	Deutschland im globalen Wettbewerb 19	
1.3	Die Konfiguration des Standortmarketing 24	
2	**Standortentscheidungen in Unternehmen** 37	
2.1	Unternehmerische Standortpolitik 37	
2.2	Standortkonzepte, -ziele und -strategien von Unternehmen 42	
2.3	Der Standortentscheidungsprozess in Unternehmen 46	
2.3.1	Standorttheorien 46	
2.3.2	Akteure der Standortauswahl im Unternehmen 53	
2.3.3	Die Entscheidungsphasen 55	
2.3.4	Standortfaktoren 61	
2.3.5	Methoden der Standortbewertung 69	
3	**Managementkonzept für das Standortmarketing** 73	
3.1	Marketing als Managementkonzept 73	
3.2	Das Standortmanagement-Konzept 75	
3.3	Strategische Standortanalyse 79	
3.4	Methoden der Standortanalyse 84	
3.4.1	Stärken-Schwächen-Analyse 84	
3.4.2	Chancen-Risiken-Analyse 91	
3.4.3	Standortspezifische SWOT- und Portfolioanalyse 98	

8 Inhalt

4	Visionen, Leitbilder und Ziele des Standortmarketing	103
4.1	Visionen und Leitbilder	103
4.2	Ziele des Standortmarketing	110

5	Strategien des Standortmarketing	113
5.1	Organisationsmodelle und Organisationsstrategien	113
5.2	Wettbewerbsstrategien	115
5.3	Markenpolitik für Standorte	122
5.3.1	Der Markenbegriff für regionale Standorte	122
5.3.2	Besonderheiten der Markenpolitik für Standorte	126
5.3.3	Markenstrategien von Standorten	131
5.3.4	Gestaltung von Standortmarken	133
5.3.5	Herausforderungen der Markenpolitik für Standorte	134

6	Maßnahmen des Standortmarketing	135
6.1	Instrumente des Standortmarketing	135
6.2	Maßnahmen zur Standortprofilierung	141
6.3	Maßnahmen der Wirtschaftsförderung	144

7	Resümee	151

Literatur ... 153

Stichwörter ... 163

1 Grundsätze des Standortmarketing

1.1 Regionen, Standorte und Standortwettbewerb

Regionen und Standorte

Die Region umfasst einen bestimmten, historisch und kulturell gewachsenen, geografisch abgrenzbaren Raum sozial und wirtschaftlich miteinander verflochtener Akteure und Institutionen. Der Begriff der Region ermöglicht als gedankliches Konstrukt die Reduktion und Abbildung komplexer sozioökonomischer Zusammenhänge auf ihre räumliche Dimension (vgl. Kirchgeorg 2002, S. 380). Regionen entwickeln sich unabhängig von den jeweiligen Stadt-, Kreis- oder Landesgrenzen.

☐ **Merksatz**

> Die Region kann somit als ein räumlich-soziales, geografisch begrenztes, in einer Kultur eingebettetes sozioökonomisches System aufgefasst werden, das ansässige Bewohner, Unternehmen, Verbände, Organisationen und Institutionen, kommunale und kulturelle Einrichtungen, Vereine sowie die politische Führung ebenso mit einschließt wie die sozialen, politischen, kulturellen und ökonomischen Beziehungen dieser Akteure untereinander.

Während die Region sehr umfassend als geografisch abgegrenztes Teilgebiet (z.B. eines Landes) mit einer flächenhaften Ausdehnung, die von spezifischen natürlichen (z.B. Klima, Vegetation), anthropogenen (z.B. Kultur, Sprache, Wirtschaft) und politisch-administrativen (z.B. Landkreis, Regierungsbezirk) Faktoren geprägt ist, definiert werden kann, bezeichnet der Standort im Sinne dieses Buches sehr speziell einen Ort wirtschaftlicher Betätigung (Wirtschaftsstandort; siehe auch Bätzing 2001).

1 Grundsätze des Standortmarketing

☐ **Merksatz**

> Der Standort ist der „Ort", in dem Wirtschaftsaktivitäten und Wertschöpfungsprozesse stattfinden.

Mit diesem Begriff werden Geschäftstätigkeiten von ansässigen Akteuren am Standort zusammengefasst. Der Wirtschaftsstandort ist also nicht nur geografisch, kulturell und politisch definiert, sondern als Konstrukt der virtuellen Verknüpfung und Bündelung wirtschaftlicher Leistungen zu verstehen, die innerhalb des Standortes von zahlreichen ansässigen Akteuren erbracht werden und im Wettbewerb stehen mit Leistungen anderer Akteure an anderen Standorten.

Im Regionenmarketing wird die Region bzw. der Standort selbst zur (immobilen) Ware, die unterschiedlichen Nachfragergruppen angeboten wird. Je nachdem, welche lokalen Leistungen welchen Nachfragern bzw. Zielgruppen (Produkt-Markt-Kombination) angeboten werden sollen, können verschiedene Arten des Regionenmarketing unterschieden werden. Beispiele sind: Tourismusmarketing (touristische Leistungen), Stadtmarketing (attraktive Stadtleistungen), Citymarketing (bezirksbezogene Leistungen des Einzelhandels), Kulturmarketing (kulturelle Leistungen) und Standortmarketing (Leistungen zur Unterstützung und Förderung von Wirtschaftstätigkeiten).

☐ **Merksatz**

> Das Standortmarketing hat die Aufgabe, im Kontext einer Trägerorganisation professionelle lokale Führungs- und Steuerungsstrukturen zu etablieren, die geeignet sind, alle Funktionen, Tätigkeiten und Prozesse, die mit der Vermarktung lokaler Leistungen verbunden sind, sowohl auf die Erwartungen und Forderungen der Nachfrager (Kundenorientierung) als auch auf die Bedingungen des Standortwettbewerbs (Wettbewerbsorientierung) auszurichten.

Zum Standortmarketing gehören insbesondere die Aufgaben der Akquisition von Direktinvestitionen (z.B. Unternehmensansiedlungen), die Bestandssicherung von ansässigen Unternehmen sowie die Bereitstellung und Erhaltung von Ressourcen, die für eine erfolgreiche Geschäftsbetätigung unabdingbar sind (z.B. Fach- und Führungskräfte, Finanzierungsangebote).

1.1 Regionen, Standorte und Standortwettbewerb

Der Standort ist als ein geografisch definiertes Leistungspotenzial und Leistungsvermögen allerdings nicht mit einem klassischen Wirtschaftsgut vergleichbar, denn beim Standort handelt es sich um ein wenig griffiges (*intangibles*), vielschichtiges und komplexes Bündel komplementärer und regional vernetzt erbrachter Einzelleistungen mit einer kaum zu überschaubaren Variationsvielfalt. Die Bewertung der Attraktivität bzw. Eignung eines Standortes für einen gewünschten Zweck ist eine sehr komplexe Aufgabe, die mit hohen Unsicherheiten und Risiken verbunden ist. Die Bandbreite von „Standorten" erstreckt sich von der Immobilie über Gewerbe- und Technologieparks, Städte und nationale Regionen, Länder und Ländergemeinschaften (z.B. die Länder der Europäischen Union) bis hin zu Kontinenten. Standorte lassen sich definieren hinsichtlich

- ihrer hierarchischen Position als Teil einer übergeordneten Region (aggregierte, übergeordnete Gesamträume/Metropolitanräume bzw. disaggregierte Teil- und Sub-Räume; vgl. Abb. 1),
- ihrer Homogenität bzw. Heterogenität (z.B. durch Kriterien wie Industriedichte, Branchenkonzentration bzw. -diversifikation),
- der Dominanz eines Wirtschaftssektors (z.B. Bankenplatz),
- ihrer Funktionalität (z.B. spezifische Infrastrukturausstattung wie Häfen, Flugplätze mit Drehkreuzfunktion, Vorhandensein qualifizierter Fachkräfte) und
- ihres hoheitsrechtlichen Status (z.B. Bundesländer, Landkreise).

Abb. 1: Hierarchische Raumebenen der Region Zürich
Quelle: Gubler/Möller 2006, S. 34

In der Praxis hat sich die Definition von Wirtschaftsstandorten nach ihrem hoheitsrechtlichen Status weitestgehend durchgesetzt, auch wenn sich Wirtschaftsräume oft über Kreis- und Ländergrenzen hinweg formieren. Der Grund hierfür liegt in den vom hoheitsrechtlichen Status abhängigen politischen, institutionellen und verwaltungsrechtlichen Strukturen einer Region. Hinsichtlich des hoheitsrechtlichen Status lässt sich die folgende hierarchische Standortklassifikation aufstellen (vgl. Gubler/Möller 2006, S. 42; auch Schnurrenberger 2000, S. 14f.):

- Internationale Wirtschaftsräume (Wirtschaftsregionen wie z.B. EU und NAFTA)
- Nationen
- nationale Wirtschaftsräume und Regionen
- Städte und Gemeinden/Kommunen
- Ortskerne
- Quartiere
- Grundstücke und Immobilien

Standortwettbewerb

In einer globalen Weltwirtschaft findet der Wettbewerb nicht nur zwischen Unternehmen, sondern auch zwischen Ländern und Regionen statt. Unternehmensstrategien internationaler Konzerne forcieren beschleunigte Prozesse der internationalen Arbeitsteilung und Spezialisierung, insbesondere in den Bereichen F&E, Produktion, Beschaffung, Finanzierung und Vertrieb. Das führt gleichzeitig zu einem intensiveren Wettbewerb zwischen Nationen und Regionen um spezifische Wertschöpfungsaktivitäten dieser Konzerne. Die Übernahme bzw. Durchführung von Wertschöpfungsaktivitäten an einem Standort schafft dort Arbeitsplätze, führt zu steigenden Einkommen und ein höheres Steueraufkommen. In diesem Kontext einer globalisierten Weltwirtschaft mit freien Finanz- und Warenströmen wird deshalb der Konkurrenzkampf der Länder (Nationen), Regionen und Städte um attraktive Zielgruppen (Investoren, Fach- und Führungskräfte, internationale Organisationen, Messen etc.) und um wirtschaftlich bedeutsame Events und

Großveranstaltungen wie z.B. Fußballweltmeisterschaften (Zielobjekte) immer intensiver und härter ausgetragen.

Der globale Standortwettbewerb wird insbesondere getrieben durch

- grenzüberschreitende Konfiguration (*Standortteilungen*) der Wertaktivitäten von Unternehmen,
- die zunehmende internationale Arbeitsteilung und globale Wertschöpfungsketten,
- steigende Mobilität von Wirtschaftsgütern und Produktionsfaktoren infolge sinkender Transport-, Kommunikations- und Informationskosten. Rasante Entwicklungen im IT-Bereich sowie Fortschritte in der Logistik und bei den Transportsystemen senken erheblich Transaktionskosten und ermöglichen multinationalen Konzernen, ihre Wertschöpfungsaktivitäten grenzüberschreitend zu konfigurieren und zu optimieren (Holtbrügge/Welge 2010, S. 140ff.).
- Follow-the-Customer-Problematik insbesondere für kleine und mittelgroße Unternehmen (Reuter et al. 2008, S. 788),
- international zentralisierte Managementprozesse,
- Realisierung von Skaleneffekten und Verbundvorteilen durch Globalisierung,
- Abbau von Handelsbeschränkungen,
- Entstehen internationaler Netzwerke und strategischer Allianzen von Unternehmen und
- hypermobiles *Finanzkapital*.

Jedes Land bzw. jede Region konkurriert mit zahlreichen anderen Ländern dieser Welt um wirtschaftliche Vorteile aus wertschöpfenden Geschäftstätigkeiten (Kotler et al. 1995, S. 24). Entwicklungen in den Bereichen Informations-, Kommunikations- und Transportsysteme brechen traditionelle Standortbindungen auf (Schneider 1994) und begünstigen den globalen Wettbewerb um Industrieansiedlungen. International räumlich getrennte Betriebsstandorte können über ein weltweites leistungsfähiges und engmaschiges Netz von Kommunikations- und Transportsystemen miteinander verknüpft werden. Das ermöglicht multinationalen Konzernen, ihre Wertschöpfungsaktivitäten grenzüberschreitend zu konfigurieren und zu optimieren (Holtbrügge/Welge 2010, S. 140ff.). Daraus ergibt sich eine geografische und regionale Streuung einzelner Wertaktivitäten wie F&E, Beschaffung, Produktion und Vertrieb. Auf einzelne Länder entfallen dann stark spezialisierte Unternehmensteile, die sich an den jeweiligen komparativen Wettbewerbsvorteilen der Länder und Standorte orientieren.

Die *Theorie der nationalen Wettbewerbsvorteile* von Porter (1993) zielt darauf ab, standortspezifische Leistungspotenziale zu identifizieren. Nach Porter (1993, S. 96) sind es vier Merkmale, die die Wettbewerbsfähigkeit eines Standorts bestimmen (vgl. Abb. 2):

- Faktorbedingungen (z.B. Arbeitskräftepotenzial und -qualität, Infrastruktur),
- Nachfragebedingungen (z.B. Marktpotenzial und Marktwachstum, Kaufkraft),
- Verwandte und unterstützende Branchen bzw. Institutionen (z.B. Zulieferbetriebe, Clusterstrukturen, Forschungseinrichtungen) und
- Wettbewerbsfähigkeit der standortansässigen Unternehmen (z.B. Managementqualität).

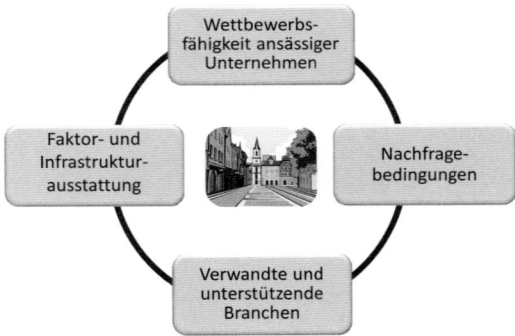

Abb. 2: Bestimmungsgründe des Standortwettbewerbs
Quelle: In Anlehnung an Porter 1993, S. 151

Auch die Politik in Ländern, Kommunen und Gemeinden hat zahlreiche Möglichkeiten, die Attraktivität und damit auch die Wettbewerbsfähigkeit des Standortes zu verbessern (z.B. Schaffung von Infrastruktureinrichtungen und effizienten Verwaltungsstrukturen, Maßnahmen der Wirtschaftsförderung). Bürokratische Verwaltungsstrukturen und Planungsprozeduren sind immer weniger in der Lage, die komplexen Probleme eines modernen Standorts in den Griff zu bekommen. Auch ist eine zunehmende Interessenpolarisierung und -ausdifferenzierung in Regionen und Städten ebenso festzustellen wie der Wunsch vieler Akteure, an der Standortentwicklung beteiligt zu werden.

Als Reaktion auf diesen weltweiten Standortwettbewerb bilden sich große Metropolitanregionen bzw. Agglomerationsräume heraus.

☐ Merksatz

Metropolregionen gelten als Wachstums- und Innovationsmotoren sowie als Drehscheiben zur Vernetzung von Regionen mit der Welt.

Ihnen werden insbesondere vier Funktionen aus den Bereichen Politik, Wirtschaft, Wissenschaft, Verkehr und Kultur zugeordnet: Die Entscheidungs- und Kontrollfunktion (Konzentration von politischen, gesellschaftlichen und wirtschaftlichen Entscheidungszentralen), Innovations- und Wissensfunktion (Wissen als Ressource, Innovationssysteme, die Agglomerationsvorteile implizieren), Gateway-Funktion (Verkehrsknotenpunkte, Vernetzung, Raumerschließung und Raumüberwindung) und die Symbolfunktion (Vermittlung von Assoziationen, Bildern und Images; vgl. Knutz/ Nischwitz 2011, S. 25; Volgmann 2011, S. 73ff.). Nach *eurostat* (2014) sind Metropolregionen NUTS-3-Regionen (Systematik der Gebietseinheiten für die Statistik) oder Zusammenschlüsse von NUTS-3-Regionen, die alle Ballungsräume mit mindestens 250.000 Einwohnern repräsentieren.

1 Grundsätze des Standortmarketing

☐ **Praxis**

> Der *Initiativkreis Europäische Metropolregionen in Deutschland* (Initiativkreis 2013) identifiziert 11 Metropolregionen in Deutschland. Dazu gehören u.a. die Hauptstadtregion Berlin-Brandenburg, Metropole Nordwest – die Frischköpfe, Metropolregion FrankfurtRheinMain, Metropolregion Hannover Braunschweig Göttingen Wolfsburg und die Europäische Metropolregion München. Die weltweit größten urbanen Agglomerationsräume sind Tokyo-Yokohama (Japan), Jakarta (Jabotabek; Indonesia), Delhi, DL-HR-UP (India), Seoul-Incheon (South Korea), Manila (Philippines) und Shanghai, SHG-ZJ-JS (China) (*Demographia World Urban Areas* 2014, S. 20).

Der Trend zur Globalisierung (internationale Arbeitsteilung, globaler Wettbewerb, Entstehen großer Agglomerationsräume und Metropolen/Megacities) führt zunehmend zur Auflösung vormalig bestehender lokaler Unternehmensstrukturen und Wirtschaftsprozesse sowie nationaler und kultureller Bindungen von Unternehmen (z.B. international besetzte Vorstände börsennotierter Aktiengesellschaften). Dazu tragen im Wesentlichen die charakteristischen Merkmale internationaler Unternehmen bei:

- relativ hoher Anteil des Auslandsgeschäfts am Gesamtumsatz.

☐ **Praxis**

> So machten die Dax-Unternehmen Fresenius Medical Care 96,9%, Adidas 95% und Linde 91,5% ihres Umsatzes 2013 im Ausland (Handelsblatt 2013).

- relativ hoher Anteil der Aktien im Auslandsbesitz.

☐ **Praxis**

> Im Schnitt befanden sich 2012 ca. 58% der Aktien von Dax-Unternehmen bei ausländischen Investoren (Die Welt 2013).

- international verteilte und konfigurierte Wertschöpfungsprozesse und Lieferantenketten (*Supply Chain Management*),
- internationaler Mitarbeiterstamm und internationale Besetzung der Unternehmensführung (*Diversity*) und
- Englisch als Unternehmenssprache.

Globales Management privater Unternehmungen und die damit verbundenen Flexibilisierungsprozesse im Rahmen internationaler Arbeitsteilung und Spezialisierung fordern von den Regionen innovative räumliche Nutzungskonzepte und spezifische Standortprofile. Wirtschaftsregionen müssen sich auf diese Anforderungen einstellen, um im Wettbewerb der Regionen mithalten zu können. Im professionellen Angebot spezieller Funktionen kann sich eine Wirtschaftsregion komparative Wettbewerbsvorteile verschaffen. Deshalb liegt in der Auswahl und Qualität spezifischer Standortfunktionen wie z.B. unternehmensnahe Dienstleistungen, Finanzplatzfunktion, Technologie- und Wissenschaftsfunktion sowie Handels- und Logistikfunktionen die Chance einer Region, sich ein einzigartiges, wettbewerbsfähiges Standortprofil zu geben (vgl. Rossi/Steiger 1994). Zum Aufbau eines wettbewerbsfähigen Standortprofils ist eine professionelle „unternehmerische" Standort- bzw. Regionalpolitik erforderlich (Schneider 1994, S. 31), die auf der Basis einer Branchenstrukturanalyse (vgl. Porter 1989) die Schaffung *„regionaler innovativer Milieus und Netzwerke"* zum Ziel haben sollte (Lucas 1993, S. 65). Solche Milieus bzw. Cluster (vgl. Porter 1998) ergeben sich aus der spezifischen Konfiguration einzelner politischer, ökonomischer, ökologischer, sozialer und kultureller Faktoren und prägen das Profil einer Region (Häußermann 1993, S. 12f.).

Flexible Muster der regionalen Spezialisierung haben zur Herausbildung globaler und nationaler Metropolen und Wirtschaftsräume mit unterschiedlich differenziertem Angebot an Standortfunktionen geführt (vgl. Keim/Busch 1993).

☐ Praxis

> Als Beispiel seien hier die *„Global Cities"* London und Paris genannt, die sich insbesondere als *Headquarter Regionen* mit leistungsstarken produktionsnahen Dienstleistungen international profilieren (vgl. Lutzky 1994, S. 91ff.).

Die Sogwirkung von Metropolen hat allerdings nicht nur ökonomische Konsequenzen, sondern begründet zudem wachsende soziale und ökologische Herausforderungen (Keim/Busch 1993; Schneider 1994).

Da der Standortwettbewerb in der ersten Phase der Standortbewertung hauptsächlich zwischen Ländern und größeren Regionen stattfindet (Zahn 1994, S. 113), haben einzelne Städte und Kommunen kaum eine Chance, sich international profilieren zu können, wenn sie nicht in einer größeren Wirtschaftsregion eingebettet und mit dieser verflochten sind (Lalli/Plöger 1991, S. 237f.). Nur größere Ballungsräume mit Clusterstrukturen lassen eine optimale Struktur zwischen den sich in den städtischen Kernbereichen ansiedelnden Dienstleistungsbetrieben und den ins Umland ziehenden Industrieunternehmen zu. Zu diesen Prozessen der regionalen Dezentralisierung von Standorten tragen insbesondere die Verknappung von Gewerbeflächen in den lokalen Zentren, aber auch genehmigungsrechtliche Aspekte bei. In hoch verdichteten Ballungszentren mit engen geografischen Begrenzungen, wie es z.B. in *Berlin* der Fall ist, entstehen dann häufig sog. „Speckgürtel". Die „räumliche Konkurrenz" findet allerdings nicht nur im internationalen Maßstab statt, sondern zumindest in der zweiten Phase der Standortbewertung auch auf nationaler und regionaler Ebene.

Der Markt für Wirtschaftsstandorte gleicht einem Käufermarkt (Balderjahn 2000, S. 3ff.).

☐ Merksatz

> Käufermärkte zeichnen sich durch ein Überangebot aus, so dass die Nachfrage zum entscheidenden kritischen Engpass wird.

Käufer bzw. Nachfrager sind in einer besseren Position als die Anbieter. Nachfrager von Standortleistungen können aus mehreren, oft sehr zahlreichen Alternativangeboten auswählen. In dieser Situation ist das Standortmarketing mit den Prinzipien der differenzierten Marktbearbeitung, der Kunden- und Wettbewerbsorientierung ein zentraler Erfolgsfaktor. Diese Entwicklungen sind ein wesentlicher Grund dafür, dass inzwischen sehr viele Städte und Regionen ein Standortmarketing-Konzept entwickelt haben bzw. dies betreiben. Insbesondere die Erkenntnis, dass eine vergleichsweise schwache Wettbewerbsposition eines Standorts nicht ausschließlich durch ungünstige Standortfaktoren zu erklären ist, sondern auch durch Schwächen im „Vermarktungs-Konzept", hat den Trend zur Entwicklung erfolgreicher Marketing-Konzepte für Standorte vorangetrieben.

1.2 Deutschland im globalen Wettbewerb

Standortwettbewerb findet auf unterschiedlichen Ebenen satt: Wettbewerb zwischen Nationen, Ländern, Regionen und Städten. Da Wettbewerb ein kaum fassbares theoretisches Konstrukt darstellt, das seine Hauptfunktion innerhalb von ökonomischen Theorien findet, müssen für den praktischen Gebrauch Methoden entwickelt werden, die geeignet erscheinen, Standortwettbewerb zu messen. Hierzu liegen inzwischen einige bewährte Konzepte zum Standortranking vor.

- *The IMD World Competitiveness Yearbook* (WCY) bewertet die Wettbewerbsfähigkeit von 60 Ländern (Volkswirtschaften) anhand von 333 Kriterien aus vier Hauptgruppen und bildet daraus das Länderranking „*The World Competitiveness Scoreboard*" (IMD 2013). Zwei Drittel der Daten für diese Kriterien stammen aus nationalen und internationalen Statistiken und ein Drittel aus Umfragedaten (*Executive Opinion Survey*). Die vier Hauptgruppen der Kriterien sind:
  - Wirtschaftliche Leistung (*Economic Performance*, u.a. Binnenwirtschaft, Beschäftigung)
  - Regierungseffizienz (*Government Efficiency*, u.a. öffentliche Finanzen, Finanzpolitik)

- Unternehmenseffizienz (*Business Efficiency*, u.a. Produktivität, Arbeitsmarkt)
- Infrastruktur (*Infrastructure*, u.a. Verkehrs- und Energieinfrastruktur, Gesundheit und Umwelt)

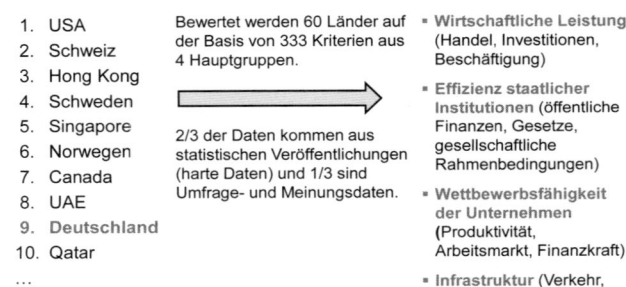

Abb. 3: The World Competitiveness Scoreboard 2013 (TOP 10)
Quelle: IMD Lausanne 2013 (http://www.imd.org/wcc/news-wcy-ranking/)

☐ **Praxis**

Im aktuellen *IMD Scoreboard* von 2013 belegt Deutschland einen recht passablen 9. Rang, der auch schon im letzten Jahr erreicht wurde (vgl. Abb. 3). USA, die Schweiz und Hong Kong belegen die Plätze 1, 2 und 3. England liegt auf Platz 18, China auf 21, Japan auf 24, Frankreich auf 28 und Italien auf Platz 44.

▪ Das *World Economic Forum* in Genf (Schweiz) analysiert und bewertet die Wettbewerbsfähigkeit von 144 Ländern bzw. Volkswirtschaften (*Economies*) und berechnet daraus den *Global Competitiveness Index* (GCI), eine Methode zur Erfassung der mikro- und makroökonomischen Grundlagen der Wettbewerbsfähigkeit von Ländern auf der Basis zahlreicher Kriterien (*Compo-

nents), die in 12 Hauptgruppen (*Pillars of Competitiveness*) sortiert sind (u.a. Infrastruktur, makroökonomisches Umfeld, Gesundheit und Ausbildung, Effizienz des Arbeitsmarkts, Innovation). Publiziert werden die Ergebnisse im *Global Competitiveness Report 2013-2014* (*World Economic Forum* 2013).

☐ **Praxis**

> Nach diesem Index belegt Deutschland einen hervorragenden 4. Rang vor den USA (5. Platz) und England (10. Platz). Auf Rang 1, 2 und 3 liegen die Schweiz, Singapur und Finnland. Frankreich liegt auf Platz 23, China auf 29, Spanien auf 35 und Italien auf Platz 49.

- Die *Weltbank* (*World Bank*) bewertet in ihren *Doing Business Reports* das Investitions- und Geschäftsklima von Ländern. Insbesondere wird erfasst, ob Unternehmen in den einzelnen Ländern in ihrer Geschäftigkeit eher unterstützt oder eher behindert werden. Diese Analysen umfassen 11 Einzelaspekte wie Firmengründungen (*Starting a Business*), Steuerzahlungen (*Paying Taxes*), Finanzierungsmöglichkeiten (*Getting Credit*), Baugenehmigungen (*Dealing with Construction Permits*) und Sicherung des Eigentums (*Registering Property*) (Die Weltbank 2014).

☐ **Praxis**

> Nach dem aktuellen Gesamtranking von 2014 belegt Deutschland den 21. Rang. Nr. 1 ist Singapore, USA liegen auf Platz 4 vor Dänemark, England auf Platz 10. Japan, die Niederlande, die Schweiz und Österreich liegen hinter Deutschland auf den Plätzen 27 bis 30. Frankreich (38), Spanien (52) und Italien (65) sind recht weit abgeschlagen.

- Auf der Ebene der Bundesländer liefert der von *Prognos* erstellte *Zukunftsatlas 2010* Hinweise auf deren unterschiedliche Wettbewerbsfähigkeit. Dieser Zukunftsatlas bewertet anhand von 29 Indikatoren aus den Bereichen Demografie, Arbeitsmarkt, Wettbewerb & Innovation sowie Wohlstand & Soziale Lage die Zukunftschancen aller 412 kreisfreien Städte und Landkreise in Deutschland und bildet daraus einen Zukunftsindex (Prognos 2010). Es zeigen sich starke regionale Unterschiede in Deutschland. Insbesondere sind weiterhin starke Süd-Nord- und West-Ost-Gefälle zu erkennen.

☐ **Praxis**

> Top-Zukunftschancen haben u.a. Hamburg, der Raum Frankfurt a.M., der Raum Stuttgart und der Münchner Raum. Regionen mit sehr hohen Zukunftsrisiken sind mit wenigen Ausnahmen im gesamten Osten Deutschlands zu finden.

- Auch die *Studie der Bertelsmann Stiftung „Die Bundesländer im Standortwettbewerb 2009/2010"* führt einen detaillierten Vergleich der 16 Bundesländer im Standortwettbewerb durch. Bewertet werden die Länder hinsichtlich der Zielbereiche Einkommen (Bruttoinlandsprodukt pro Kopf und Wirtschaftswachstum), Beschäftigung (Erwerbstätigkeit und Arbeitslosigkeit) und Sicherheit (Transferempfängeranteil für *soziale Sicherheit* und Anzahl der nicht aufgeklärten Straftaten für die *innere Sicherheit;* Bertelsmann Stiftung 2013). Dazu werden Erfolgs- und Aktivitätsprofile der Bundesländer erstellt.

☐ **Praxis**

> Auf allen Kriterien liegt Baden-Württemberg hinsichtlich des Aktivitätsindex auf Platz 1. Im oberen Bereich liegen noch Bayern und Hessen. Mecklenburg-Vorpommern nimmt den letzten Platz hinsichtlich Einkommen und Beschäftigung ein. Berlin ist das Schlusslicht bei der Sicherheit.

- Die internationale Immobiliengesellschaft *Cushman & Wakefield* befragt seit 1990 die 500 größten Unternehmen aus 9 europäischen Ländern nach ihrer Meinung zur Attraktivität großer europäischer Städte. Im aktuellen *EUROPEAN CITIES MONITOR 2010* nehmen London, Paris und Frankfurt die drei Spitzenpositionen ein. Als Hauptfaktoren der Standortentscheidung wurden die Nähe zu Kunden bzw. Klienten, die Verfügbarkeit von qualifizierten Mitarbeitern, die Qualität der Telekommunikationsinfrastruktur und ausgebaute nationale und internationale Transportwege genannt.

- Die Lebensqualität von Städten weltweit aus der Sicht von Unternehmen, die dorthin Mitarbeiter entsenden (*Expatriates*), erfasst die internationale Studie (*Quality of Living City Rankings*) der Bergungsgesellschaft *Mercer Human Ressource Consulting* von 2014 (www.mercer.com/qualityofliving) anhand von 39 wichtigen Bewertungsfaktoren. Dazu gehören neben politischen, sozialen und ökonomischen Kriterien auch solche der persönlichen Sicherheit, der Gesundheitsvorsorge und des Bildungswesens.

☐ **Praxis**

> Danach sind die fünf besten Städte Wien, Zürich, Auckland, München und Vancouver.

- Die 50 größten Städte in Deutschland werden hinsichtlich der Höhe des erreichten Wohlstandsniveaus und der Entwicklungsdynamik zum wiederholten Male vom *Institut der deutschen Wirtschaft Köln* für die *Initiative Neue Soziale Marktwirtschaft* (INSM) und die Zeitschrift *Wirtschaftswoche* analysiert und bewertet (vgl. Institut der Deutschen Wirtschaft 2012). Als Zielgrößen werden Wohlstand (Kaufkraft bzw. verfügbare Einkommen am Wohnort und Einkommensteuerkraft) und Arbeitsmarkt (Arbeitslosigkeit, Arbeitsplatzversorgung und Beschäftigung) definiert und als Einflussgrößen Struktur (Wirtschaftsstruktur, Agglomeration, sozio-kulturelle Struktur und Staat) und Standortfaktoren (Bildung bzw. Humankapital, Infrastruktur, Kosten, Freizeitwert und Bewertung der Unternehmen vor Ort). Es werden insgesamt 56 Indikatoren gewichtet und zu einem Gesamtwert aggregiert. Die zugrunde gelegten Daten stammen sowohl aus öffentlich zugänglichen Datenbeständen als auch aus einer Unternehmensumfrage. Zahlreiche der dynamischen Städte liegen im Norden und im Osten Deutschlands (z.B. Hamburg, Berlin, Leipzig und Erfurt). Beim Niveau werden allerdings die Städte im Osten von vielen Städten im Westen Deutschlands deutlich abgehängt. Aber auch zahlreiche Städte im Ruhrgebiet weisen ein unterdurchschnittliches Wohlstandsniveau auf (vgl. Institut der Deutschen Wirtschaft 2012).

Mittlerweile gibt es zahlreiche Städterankings mit unterschiedlichem Fokus. Nach einer Studie von *Roland Berger* ist z.b. München die kreativste Stadt Deutschlands und nach dem *Creative Industries-Ranking* von *„American for the arts"* ist Seattle die kreativste Stadt der USA (Focus-Online 2008). Zürich ist die lebenswerteste Stadt der Welt, so eine Studie der Unternehmensberatung Mercer, und Riga ist die sauberste Stadt der Welt (Focus-Online 2008).

1.3 Die Konfiguration des Standortmarketing

Ziele und Besonderheiten des Standortmarketing

In vielen Städten und Regionen Deutschlands sind Verantwortliche der Meinung, dass nur ein professionell eingesetztes Marketing die Wettbewerbsposition ihres Landes, ihrer Region oder ihrer Stadt verbessern kann. Professionelles Standortmarketing und -management kann einer Region oder Stadt gewichtige ökonomische bzw. volkswirtschaftliche Vorteile einbringen: Insbesondere können positive Einkommens- und Beschäftigungseffekte, Verbesserungen in der Güterversorgung sowie ein höheres Steueraufkommen eintreten. Es gibt in Deutschland so viele Standort- und Stadtmarketingaktivitäten, die kaum noch aufgezählt oder genannt werden können.

☐ **Merksatz**

> Grundsätzliches Ziel des Standortmarketing ist es, ein Land, eine Region oder eine Stadt für solche (internen und externen) Zielgruppen, wie z.B. Unternehmen, internationale Organisationen, Messeveranstalter, Fach- und Führungskräfte und Touristen, attraktiv zu machen, die mehr Wohlstand und Lebensquali-

tät in das Land, die Region oder die Stadt bringen können bzw. die vorhandene Lebensqualität erhalten können.

Um das zu erreichen, müssen sich Städte und Regionen durch ein Angebot attraktiver Leistungen (Standortfaktoren) für ihre Zielgruppen ein einzigartiges, unverwechselbares und wettbewerbsfähiges Profil schaffen, das durch ein positives Standortimage abzusichern ist. Das von den Zielgruppen wahrgenommene Leistungs- bzw. Attraktivitätsprofil einer Region setzt sich aus vielen persönlichen, sachlichen und emotionalen Eindrücken von dieser Region zusammen, die als Assoziationen bzw. Erinnerungen im Gedächtnis abgespeichert das Image einer Region prägen.

☐ Merksatz

Als Image einer Region wird das stereotypisierte Gesamtbild bezeichnet, das mit dieser Region im Allgemeinen verbunden wird.

Images fassen ähnliche Vorstellungen und Assoziationen einer Zielgruppe zur Region bildhaft zusammen. Eng verbunden mit dem Standortimage sind die mit einem Standort verbundenen „Persönlichkeitsmerkmale" wie Zuverlässigkeit, Glaubwürdigkeit und Kompetenz, die in einer Standortmarke gebündelt eine Konkretisierung erfahren können. Gelingt es einer Region, eine Markenpersönlichkeit für diese Region aufzubauen, dann wirkt diese Standortmarke präferenzbildend und Vertrauen schaffend.

☐ Merksatz

Wahrnehmungspsychologisch ist die Standortmarke bzw. das Standortimage ein in der Psyche von Menschen dauerhaft abgespeichertes, unverwechselbares Vorstellungsbild von einem Standort bzw. von einer Region (vgl. auch Meffert et al. 2012, S. 364).

Marketing für Regionen hat die Bereitstellung und das Angebot von solchen Leistungen (sog. Standortfaktoren) zum Ziel, die es dem Nachfrager ermöglichen, einen hohen und einzigartigen Nutzen aus der „Inanspruchnahme" der Region zu ziehen. So benötigt ein auswärtiges Unternehmen möglicherweise ein Grundstück, Fachkräfte, Beratung und günstige Finanzierungskonditionen für eine

Investition (*Standortmarketing*). Der Tourist sucht attraktive Destinationen mit ansprechenden Hotels und Restaurants (*Destinationsmarketing*) sowie interessante Unterhaltungs- und Entspannungsmöglichkeiten (*Event- und Kulturmarketing*). Fach- und Führungskräfte sowie einheimische Bürger benötigen attraktive und auskömmliche Arbeitsplätze (*Fach- und Führungskräfte-Marketing*) und erwarten vielseitige Einkaufsmöglichkeiten (*City-Marketing*).

Marketing für Standorte kann als eine Konzeption des Standortmanagements aufgefasst werden, die darauf gerichtet ist, alle standortspezifischen Funktionen, Aufgaben und Tätigkeiten auf die Anforderungen der Standortmärkte, d.h. auf die Wünsche und Forderungen der Nachfrager (Kundenorientierung) und auf die Bedingungen des Standortwettbewerbs (Wettbewerbsorientierung), auszurichten. Mit dieser Auffassung ist es möglich, die klassischen Konzepte (z.B. differenzierte Marktbearbeitung; *Customer Value*), Ziele (z.B. Akquisition und Bindung), Methoden (z.B. Marktforschung, Positionierung) und Instrumente (Produkt-, Preis-, Kommunikations- und Distributionspolitik) des „Produktmarketing" auf das Standortmarketing zu übertragen. Allerdings wird das nur dann gut funktionieren und zu einem Erfolg führen, wenn die *Besonderheiten einer Standortvermarktung* berücksichtigt werden. Diese ergeben sich insbesondere daraus, dass ein Standort

- selbst ein „Gut" bzw. ein „Leistungsbündel" darstellt, das in Anspruch genommen werden kann und dem Nachfrager einen Nutzen stiftet (*Standort als „Leistungsbündel"*),
- Leistungen sehr unterschiedlicher Art von zahlreichen voneinander unabhängigen, regionalen Anbietern (Akteure) bereitstellt (*Standort als „virtuelles Unternehmen"*) und
- sich selbst „vermarktet" (*Standort als „Marketingorganisation"*; vgl. Abb. 4).

1.3 Die Konfiguration des Standortmarketing

Abb. 4: Die Konfiguration des Standortmarketing

Der Standort ist im Konzept des Marketing also gleichzeitig Produkt, Produzent und Verkäufer. Dem Standortmarketing stellen sich insbesondere drei zentrale Aufgaben:

- Aufbau und Institutionalisierung einer kooperativen Trägerschaft regionaler Akteure (Fragen der Organisations- und Rechtsform),
- Vernetzung und Bündelung dezentral erbrachter regionaler Einzelleistungen zu einem spezifischen Leistungs- bzw. Standortprofil sowie zur Clusterung (Problem der Abstimmung, Kommunikation, Vernetzung und Koordination der Leistungsangebote) und
- Erschließung und Bearbeitung relevanter Märkte bzw. Zielgruppen für den Standort (Entwicklung einer Standortmarketing-Konzeption).

1 Grundsätze des Standortmarketing

Der Standort als „virtuelles Unternehmen"

Standorte sind geografisch begrenzte Räume mit einer spezifischen Ressourcenausstattung und spezifischen Fähigkeiten, in denen unterschiedliche lokale Akteure und verschiedene Macht- und Einflusszentren interessengeleitet tätig sind (auch Scheuch 2003, S. 47). Auf Unternehmen bezogen sind Standorte die Orte, in denen Wirtschaftsgüter entwickelt, produziert, angeboten und nachgefragt werden. Es sind Orte, in denen Wertschöpfungsprozesse zielorientiert, koordiniert und kontrolliert und oft als Teil einer globalen Wertschöpfungskette stattfinden.

☐ **Merksatz**

> Übertragen auf eine Region oder eine Stadt als Anbieter von Leistungen ist der Standort das geografische Gebiet der Region bzw. der Stadt, in dem standortspezifische Leistungen unterschiedlichster Art von verschiedenen, in der Regel voneinander unabhängigen, privaten und öffentlichen, am Standort ansässigen Akteuren (Standortakteure) vernetzt erbracht und von zuständigen Institutionen des Standortmarketing bzw. -managements (Marketinginstitutionen) organisiert, gestaltet und gebündelt den Zielgruppen des Standorts angeboten werden (Abb. 4).

Als „Standortleistungen" im Kontext des Standortmarketing sollen nur solche in einer Region erbrachten Leistungen aufgefasst werden, für die die Region eine Moderatorfunktion bei der Bewertung der Leistungen durch die Nachfrager einnimmt (z.B. Grundstücke, Arbeitsplätze).

Die regionalen Akteure aus Wirtschaft (z.B. ansässige Unternehmen, Hoteliers, Einzelhandel, Wirtschaftskammern), Verbänden und Vereinen, Medien, Verwaltung (z.B. kommunale Wirtschaftsförderung), Politik (z.B. Bürgermeister), Wissenschaft (z.B. Universitäten, Forschungseinrichtungen), Kultur (z.B. Theater und Museen) und Freizeit (z.B. Sport, Events) sowie alle Bürger nehmen nicht nur regionale Leistungen für sich selbst in Anspruch (z.B. Gesundheitsversorgung, Infrastruktur), sondern stellen gleichzeitig unabhängig, aber in kooperativen Verbünden diese Leistungen auch für andere (externe Zielgruppen) bereit. Die Region bietet unter Beteiligung mehrerer unabhängiger, kooperativer und vernetzter Akteure spezifische, substitutive und komplementäre Leistungen externen Nachfragern an. Dezentral und disloziert, im Raum verteilt erbrachte Einzelleistungen müssen zu einem attraktiven Leistungsprofil zusammengefasst, stabil vernetzt und gebündelt werden. Eine schon genannte Möglichkeit, die Vielzahl einzelner, auch recht unterschiedlicher regionaler Angebote (z.B. Grundstücke, Infrastruktureinrichtungen, Messen, Freizeit-, Sport- und Kulturangebote) nach außen hin sichtbar zusammenzufassen, ist die Schaffung einer Standortmarke in Form einer regionalen Dachmarke.

Die Vielzahl der einzelnen an der Bereitstellung standortspezifischer Leistungen beteiligten Akteure kann in ihrer abstrakt definierten Gemeinschaft als *„virtuelles Unternehmen"* aufgefasst werden. Das virtuelle Unternehmen entsteht erst durch vernetzte Kooperations- und Geschäftsbeziehungen einzelner, autonomer Akteure. Es weist keine klaren und rechtlich verbindlichen hierarchischen Verantwortungs- und Entscheidungsstrukturen auf. Akteure einer Region bilden also als Netzwerk eine virtuelle Organisation mit dem Ziel, einen abgestimmten Beitrag zum Leistungsangebot und zur Attraktivität der Region zu leisten (Abb. 5).

Abb. 5: Der Standort als virtuelles Unternehmen (Standortakteure)

Die beteiligten lokalen Akteure sind geprägt von unterschiedlichen, zum Teil divergierenden Interessen, Einflussmöglichkeiten, Verantwortungs- und Entscheidungsbefugnissen im Prozess einer pluralistischen, nahezu chaotischen dezentralen Willensbildung, Entscheidungsfindung und -durchsetzung. Das virtuelle Standortunternehmen ist nicht so eindeutig zu lokalisieren wie ein privatwirtschaftlich geführtes Unternehmen mit Rechtsform und Firmensitz und klar definierten Zielen, Strukturen, Verantwortlichkeiten und Strategien. Das virtuelle Unternehmen Standort als „Produzent" von Standortleistungen benötigt eine Lenkungseinheit (die Marketinginstitution), damit die standortspezifischen Leistungen kundenorientiert und wettbewerbsfähig angeboten werden können.

Standortmarketing steht deshalb vor der gewaltigen, hochkomplexen und politisch durchzusetzenden Aufgabe des Ausgleichs unterschiedlicher Interessen und der Förderung von gegenseitigem Verständnis einzelner, an der Leistungserbringung beteiligter Akteure. Von allen akzeptierte Regeln zum Ausgleich unterschiedlicher Interessen, Respekt und gegenseitiges Verständnis stellen die zentralen Voraussetzungen eines erfolgreichen Standortmarketing dar. Das Konglomerat regionaler Akteure muss hinsichtlich des Standortes als Interessengemeinschaft bzw. Zweckbündnis auftreten, sich auf gemeinsame Leitlinien und Strategien zur Standortprofilierung einigen, um dann koordiniert und aufeinander abgestimmt handeln zu können. Nur wenn alle relevanten Akteure eines Standorts sich auf einen Katalog gemeinsam anzustrebender Ziele und Leitbilder der Standortentwicklung einigen können, kann Standortmarketing erfolgreich sein.

Der Standort als „Leistungsbündel"

Das Standortmarketing hat die kundengerechte Gestaltung (z.B. Architektur, Infrastruktur), profilbildende Bündelung (Vernetzung komplementärer Leistungen) und zielgruppengerechte Vermarktung aller stadt- bzw. regionsspezifischen Sach- und Dienstleistungen zur Aufgabe. Auch wenn Standorte die Bewertungsobjekte in unternehmerischen Standort- und Investitionsentscheidungen darstellen, so sind sie doch nicht mit klassischen Konsumgütern vergleichbar, die sich durch klare, wahrnehmbare Konturen und feste

Kosten- und Nutzenkomponenten auszeichnen. Es ist ein wenig griffiges und schwierig zu gestaltendes Konvolut von vielen Einzelfaktoren (Spiller 1994, S. 135). Ein Standort kann beschrieben werden als ein vielschichtiges und komplexes Bündel komplementärer und regional vernetzter Einzelleistungen (Sach- und Dienstleistungen) der Standortregion, die von dezentralen und autonomen Leistungseinheiten bzw. Leistungsträgern erbracht werden. Erst im Zusammenwirken aller Standortleistungen wird das spezifische Leistungsprofil einer Region erkennbar. Die zielgruppenspezifische Gestaltung und Bündelung der Standortleistung dient der Schaffung wettbewerbsfähiger Standortprofile.

Regionsspezifische Leistungen sind zum großen Teil Dienstleistungen (z.B. Information, Beratung, Finanzierung, touristische und kulturelle Angebote). Deshalb weist das Marketing für Städte und Regionen starke Bezüge zum Dienstleistungsmarketing auf. Nach allgemeiner Auffassung sind Dienstleistungen intangibel und erfordern bei der Bereitstellung eine Beteiligung des Kunden (Integration des externen Faktors; vgl. Meffert/Bruhn 2012, S. 38). Das Standortmarketing hat die Besonderheiten des Dienstleistungsmarketing zu beachten (vgl. Meffert/Bruhn 2012, S. 38). Insbesondere ergibt sich aus der *Intangibilität*, der „Nichtgreifbarkeit" von Dienstleistungen, die Notwendigkeit der Markierung von Standorten.

Die von den Akteuren eines Standortes unabhängig voneinander, komplementären und regional disloziert erbrachten regionsspezifischen Einzelleistungen (Standortleistungen) bilden zusammen mit den regionalen Umwelt-, Landschafts- und klimatischen Bedingungen in ihrer Gesamtheit als „Leistungsbündel" das Standortprofil ab und bestimmen die Attraktivität des Standortes für einzelne Zielgruppen (auch Scheuch 2003, S. 47). Aus dieser Perspektive wird der Standort definiert als profilbildendes Bündel geografisch verteilter und vernetzter standortspezifischer Leistungen (z.B. Grundstücke, Infrastruktur, Finanzierungsmöglichkeiten, Rechtswesen, Bildungs- und Gesundheitswesen, Kulturangebote, Klima und Natur).

Der Standort in seiner Funktion als Produzent und Anbieter regionaler Leistungen weist folgende Merkmale auf (Merkmale von Standortleistungen):

- Leistungen des Standorts werden von zahlreichen, am Standort ansässigen und in der Regel voneinander unabhängigen Akteuren überwiegend aus privatwirtschaftlichem Eigeninteresse (private Akteure wie z.b. Hotelbetreiber) oder auf der Grundlage eines öffentlichen Auftrags (Akteure der öffentlichen Hand wie z.b. die kommunale Wirtschaftsförderung) erbracht. Erst aus der zielgerichteten Vernetzung zahlreicher Einzelleistungen kann ein leistungsspezifisches Standortprofil entstehen.
- Die Bündelung bzw. Vernetzung von Einzelleistungen zu einem Leistungsprofil ist auf unterschiedliche Zielgruppen des Standortes ausgerichtet.
- Die Qualität des Leistungsangebots eines Standortes ist abhängig von der Leistungsfähigkeit und -bereitschaft einzelner Akteure sowie der Qualität der lokalen Netzwerke.
- Der überwiegende Teil des regionalspezifischen Leistungsangebots sind Dienstleistungen (z.b. Beratungsangebote, Arbeitsplätze, Infrastruktur, Bildungs- und Gesundheitsangebote, touristische Angebote).
- Die Leistungsinanspruchnahme bzw. Nutzung standortspezifischer Leistungen erfordert eine Beteiligung der Nachfrager (sog. Integration des externen Faktors).

Der Standort als „Marketinginstitution"

Die einzelnen städtischen und regionalen Akteure sind nicht nur (interne) Kunden und Produzenten standortspezifischer Leistungen, sondern sie können auch Funktionen des Stadt- bzw. Regionenmarketing übernehmen bzw. daran beteiligt sein. Das Standortmarketing benötigt zur Aufgabenerfüllung ein professionelles und institutionalisiertes Management bzw. eine Organisation, die von Teilen der regionalen Akteure getragen wird. Das Standortmarketing als institutionelle Einrichtung hat sowohl die (Mit-)Gestaltung, Bündelung und profilbildende Vernetzung komplementärer und disloziert erbrachter stadt- bzw. regionsspezifischer Einzelleistungen als auch die zielgruppenspezifische Vermarktung dieser Leistungen zur Aufgabe. Diese institutionelle Aufgabe des Standortmarketing übernehmen lokale Trägerorganisationen wie z.B. Ämter der Regionalverwaltung, Kammern und Wirtschaftsfördergesellschaften, die oft als Zweckgemeinschaft in Form einer öffentlich-privaten Partnerschaft (*Public-Private Partnership*) geführt werden. Solche lokalen Trägerorganisationen des Standortmarketing sind geprägt von unterschiedlichen Interessen, Einflussmöglichkeiten, Verantwortungs- und Entscheidungsbefugnissen der einzelnen Akteure und einer pluralistischen, dezentralen, oft kaum strukturierten Willensbildung und Entscheidungsfindung (vgl. Meffert 1989, S. 274).

☐ **Praxis**

> In Bremen ist beispielsweise die Bremer Investitions-Gesellschaft mbH (BIG) für das Standortmarketing, die Bremer Marketing GmbH (BMG) für das Stadtmarketing und die City-Initiative e.V. sowie der City-Marketing-Vegesack e.V. für das City-Marketing zuständig (Schrader 2001, S. 17). In Brandenburg wird beispielsweise die *ZukunftsAgentur Brandenburg* (ZAB), die zentrale Wirtschaftsförderungsgesellschaft in Brandenburg, privatrechtlich als GmbH geführt mit den Gesellschaftern Land Brandenburg, Industrie- und Handelskammern, Handwerkskammern sowie Vereinigung der Unternehmensverbände in Berlin und Brandenburg (UVB).

Der Marketingorganisation eines Standortes kommt die Aufgabe zu, alle Aktivitäten, die für die Planung eines Standortmarketing-Konzepts und dessen Umsetzung und Kontrolle erforderlich sind, durchzuführen. Wie der Abb. 6 zu entnehmen ist, gehören dazu die Durchführung einer Analyse der Stärken und Schwächen sowie Chancen und Risiken einer Stadt bzw. einer Region (SWOT-Analyse), die Entwicklung und Festlegung von Leitbildern und Strategien für die Region bzw. Stadt und die Umsetzung der Strategien in geeigneten Maßnahmen. Neben der Leistungs- und Kommunikationspolitik sowie geeigneten Maßnahmen zur Gestaltung von Geschäftsbeziehungen kommt es insbesondere auf die erfolgreiche Entwicklung des Standortes zu einem „Markenprodukt" an. Eine Möglichkeit, die Vielzahl einzelner, auch recht unterschiedlicher regionaler Leistungsträger und -angebote auch nach außen hin sichtbar zusammenzufassen, ist die Schaffung einer Standortmarke in Form einer *Dachmarke*. Ein Standortmarketing-Konzept stellt die Basis für alle Aktivitäten zur Vermarktung eines Standorts dar. Es umfasst eine Standortanalyse, Standortziele, Standortstrategien und Standortmaßnahmen (Abb. 6).

Abb. 6: Bereiche des Standortmarketing

Zielgruppen des Standortmarketing

Das Standortmarketing richtet sich auf spezifische Märkte, Marktsegmente und Zielgruppen.

☐ Merksatz

Der Markt umfasst aus betriebswirtschaftlicher Sicht alle tatsächlichen und potenziellen Nachfrager und Anbieter gegenseitig substituierbarer Güter sowie die jeweiligen Transaktions-, Geschäfts- und Wettbewerbsbeziehungen zwischen den Marktakteuren zu bestimmten Zeiten und an festgelegten Orten.

Die Leistungen eines Standorts werden auf mehreren, teilweise recht unterschiedlich strukturierten Märkten mit spezifischen Anforderungen an das Standortmarketing angeboten. Diese Märkte umfassen einerseits die Standortnachfrager (z.B. internationale Konzerne, Führungskräfte, Geschäftsreisende) und andererseits konkurrierende Standortanbieter bzw. alternative Standorte. Zielgruppen können hinsichtlich bestimmter Kriterien unterschieden und segmentiert werden. Die so entstehenden Marktsegmente stellen die Zielgruppen des Standortmarketing dar, um deren Gunst alternative Standorte konkurrieren. Zielgruppen sind alle standortansässigen (Innenorientierung des Standortmarketing) und externen (Außenorientierung des Standortmarketing) Personen, Institutionen, Unternehmen und Organisationen, die spezifische Standortleistungen nachfragen.

Zielgruppen bewerten und entscheiden über regionale und städtische Angebote anhand bestimmter Bewertungskriterien, die als Standortfaktoren bezeichnet werden. So erwarten ansässige Unternehmen z.B. günstige Gewerbeflächen, eine unbürokratisch arbeitende, effiziente Verwaltung und eine ausgebaute Infrastruktur, und Touristen wünschen sich faszinierende Sehenswürdigkeiten und eine gute Gastronomie. Die Bürger benötigen Arbeit und Wohnraum, Kindergärten, Schulen und Universitäten sowie eine gute medizinische Versorgung. Zielgruppen bewerten die Attraktivität eines Standortes anhand des dort vorhandenen Leistungsangebots. Es sind die Standortfaktoren, die als Bewertungs- und Entscheidungskriterien für standortspezifische Leistungen dienen. Grob kann zwischen Standort internen und externen Zielgruppen unterschieden werden. Beispiele für wichtige externe Zielgruppen sind externe Unternehmen und Investoren, Ausrichter von größeren Events (z.B. Sportveranstaltungen) sowie externe Fach- und Führungskräfte. Zu den internen Zielgruppen des Standortmarketing zählen u.a. die ansässigen Unternehmen, Verbände, Industrie- und Handelskammern sowie Bürgerinnen und Bürger.

2 Standortentscheidungen in Unternehmen

2.1 Unternehmerische Standortpolitik

Standortentscheidungen

Zur Entwicklung eines strategischen Standortmarketing-Konzepts und für den Einsatz des marketingpolitischen Instrumentariums sind Erkenntnisse über das Bewertungs- und Entscheidungsverhalten aktueller und potenzieller Standortnachfrager unabdingbar. Zum nationalen und internationalen Standortwahlverhalten privater Unternehmen liegen nur wenige wissenschaftlich fundierte Arbeiten vor (z.B. Kinkel/Zanker 2007; Lüder/Küpper 1983; Pieper 1994, S. 4; Reuter et al. 2008; Schwartz 1982). Standortentscheidungen haben für private Unternehmungen einen konstitutiven Charakter, d.h., sie sind, erst einmal getroffen, schwer revidierbar und setzen Rahmenbedingungen für zahlreiche Folgeentscheidungen.

☐ **Merksatz**

> Konstitutive Entscheidungen sind Entscheidungen, die langfristig wirken, in zahlreiche Folgeentscheidungen eingreifen, nicht oder nur schwer rückgängig gemacht werden können und das Unternehmen als Ganzes betreffen.

Standorte sind sowohl frei wählbar als auch an bestimmte Mindestanforderungen (z.B. Größe, Erschließungskosten) oder Restriktionen (z.B. politische Vorgaben) gebunden. Die Standortwahl ist ein recht komplexes Entscheidungsproblem, das häufig sukzessiv im Rahmen eines lang andauernden Entscheidungsprozesses gelöst wird (Schmalen/Pechtl 2013, S. 27).

Das vorliegende Buch konzentriert sich in der Analyse auf Wirtschaftsstandorte, d.h. Standorte, die in der Regel von öffentlichen Institutionen angeboten und von privaten Unternehmen und Organisationen zum Zwecke der Ausübung einer Wirtschaftstätigkeit nachgefragt werden. Andere Zielgruppen wie z.B. Touristen oder

Fachkräfte werden hier nicht betrachtet. Nationale und internationale Unternehmen bzw. Konzerne mit weitgehendem Entscheidungsspielraum bezüglich möglicher Unternehmensstandorte stellen die „Nachfrager" von Wirtschaftsstandorten und „Kunden" von regionalen Wirtschaftsförderorganisationen dar. Die Wünsche, Forderungen und Erwartungen des Managements solcher Unternehmen müssen bei der Entwicklung erfolgreicher Marketing-Konzepte zwingend Eingang finden. Aus diesem Grund ist es anzuraten, am betrieblichen Standortentscheidungsprozess anzusetzen. Für Standortanbieter (z.B. Länder, Kommunen, Städte und Gemeinden) sind Kenntnisse über die generelle Unternehmenspolitik, insbesondere aber über die spezifische Standortpolitik (Standortziele und -strategien) sowie über die betrieblichen, standortspezifischen Entscheidungsprozesse nachfragender Unternehmen, von zentraler Bedeutung. Nur bei Vorliegen einschlägiger Kenntnisse dazu kann ein professionelles und erfolgreiches Standortmarketing betrieben werden.

Unternehmenspolitik und Standortpolitik

☐ **Merksatz**

> Die Unternehmensführung (*General-Management*) dient der zielorientierten Steuerung arbeitsteiliger Prozesse des gesamten Unternehmens in allen Wertschöpfungs- und Handlungsbereichen. Die Unternehmenspolitik umfasst die Fixierung von grundlegenden Leitlinien, Grundsätzen und generellen Zielen hinsichtlich relevanter Anspruchsgruppen sowie die daraus entworfenen Strategien.

Standortentscheidungen können nicht losgelöst von der gesamtstrategischen Ausrichtung eines Unternehmens betrachtet werden. Unter dem Begriff Standortpolitik wird die Summe aller Ziele, Strategien und Maßnahmen der betrieblichen Standortentwicklung verstanden. Hier geht es um die Entwicklung einer klaren und überzeugenden strategischen Standortkonzeption. Unternehmens- und Standortpolitik gemeinsam bilden den betrieblichen Rahmen von Standortentscheidungsprozessen. Zum Verständnis und zur Erklärung von Standortentscheidungsprozessen ist es erforderlich zu wissen, welche Personen und Gruppen bzw. Gremien (Akteure) mit welchen Funktionen, Interessen und Rollen an Standortentscheidungen formell oder informell beteiligt sind und nach welchen Kriterien und Methoden Standorte bewertet und ausgewählt werden. Standortentscheidungen werden multipersonal getroffen (Kotler et al. 1995, S. 69ff.).

Ein konstitutives Merkmal global operierender Konzerne ist, dass sie ihre Wertschöpfungseinheiten (z.B. Entwicklung, Produktion, Vertrieb) international verteilen und konfigurieren. Spezielle Standortentscheidungen betreffen die sogenannte *Standortspaltung* bzw. *Standortkonfiguration*, bei der Wertschöpfungseinheiten eines Unternehmens geografisch disloziert werden. Gründe für eine *Standortspaltung* sind u.a. Verlagerungen von Produktionsstätten ins Ausland zur Ausnutzung von Kostenvorteilen, Errichtung von Zweigstellen oder Vertriebsorganisationen, um mehr Kundennähe zu haben, und die Erschließung neuer, internationaler Märkte (vgl. Bea/Schweizer 2009, S. 366f.). Die Verlagerung von Teilbereichen eines Unternehmens ins Ausland wird auch als *Offshoring* bezeichnet. Bei der Verlagerung von Produktionskapazitäten kann zwischen einer Verlagerung in eigene ausländische Betriebsstätten (*Captive Offshoring*) und solche an andere ausländische Zulieferbetriebe (*Offshore Outsourcing*) unterschieden werden (Kinkel/Maloca 2009). 2009 fanden ca. 60% der deutschen Verlagerungen als *Captive Offshoring* und ca. 30% als Offshore Outsourcing statt. Während Kostengründe hauptsächlich das Motiv für das *Offshore Outsourcing* ist, spielen beim *Captive Offshoring* die Markterschließung und die Kundennähe eine größere Rolle (Kinkel/Maloca 2009). Bei zahlreichen Verlagerungen der 1990er Jahre in Niedriglohnländer sind Risiken oft unterschätzt worden, so dass inzwischen auf jedes dritte verlagernde Unternehmen ein Rückverlagerer kommt (Kinkel/Maloca 2009). Während Personalkosten, Nähe zu Schlüsselkunden und Markterschließung die wichtigsten Gründe für eine Verlagerung sind, sind Produktionsqualität, Flexibilität und Lieferfähigkeit die wichtigsten Motive einer Rückverlagerung (Kinkel/Maloca 2009).

Die Unternehmenspolitik legt die für die Standortwahl grundsätzlich in Frage kommenden Länder oder Regionen fest (Makrostandorte). Standortsuche und Standortkonfiguration können national, international und global orientiert sein. Nach einer Untersuchung von Wind et al. (1973) können die folgenden vier Länderorientierungen unterschieden werden (EPRG-Schema):

- Das *ethnozentrisch* orientierte Unternehmen legt seinen Schwerpunkt auf den Heimatmarkt und besetzt ausländische Tochtergesellschaften primär mit Angehörigen des Stammhauses (*home-country-oriented*).

- Die *polyzentrisch* orientierte Unternehmung versucht, sich den jeweiligen (kulturellen) Bedingungen der betreffenden Auslandsmärkte und -standorte möglichst optimal anzupassen (*host-country-oriented*) und besetzt ihre Tochtergesellschaften primär mit Personen des jeweiligen Gastlandes (multinationale Konzerne).

- Das *regiozentrisch* orientierte Unternehmen passt sich den jeweiligen Bedingungen größerer Ländergruppen (z.B. Europa, Nordamerika) an.

- Das *geozentrisch* orientierte Unternehmen bearbeitet alle Märkte (der Welt) nach einem einheitlichen, weitestgehend standardisierten Marketing-Konzept bei zentralistischer Führung der ausländischen Tochtergesellschaften vom Stammhaus aus. Statt einer Landeskultur wird eine Firmenkultur gelebt.

Im Rahmen einer Studie zu Standortentscheidungen wurden 1997 zehn hochrangige Manager internationaler Unternehmen aus verschiedenen Branchen in Deutschland zu Fragen der Standortbewertung und Standortauswahl interviewt. Alle ca. einstündigen Interviews wurden auf Band mitgeschnitten, nachfolgend transkribiert und inhaltsanalytisch analysiert (Balderjahn/Schnurrenberger 1999a; Schnurrenberger 2000). Es konnte festgestellt werden, dass Standorte insbesondere hinsichtlich der Erreichung der generellen Unternehmensziele „Wettbewerbsfähigkeit", „Rentabilität/Shareholder Value" und „Kundennähe und Kundenzufriedenheit" ausgewählt werden (Balderjahn/Schnurrenberger 1999; Schnurrenberger 2000). Mit der in dieser Studie verwendeten Methodik – der Means-End-Analysis – konnten sog. *kognitive Standortschemata* hochrangiger Repräsentanten internationaler Unternehmen ermittelt werden. Ein kognitives Standortschema repräsentiert das aus persönlichen Erfahrungen erworbene, verallgemeinerte und abstrahierte Wissen im

Gedächtnis eines Managers über Standorte und Standortentscheidungen. Schemata dienen dem Menschen zur Komplexitätsreduktion und sind so beschaffen, dass sie Schlussfolgerungen über das im Schema repräsentierte Objekt erleichtern (Anderson 1996, S. 151f.). Schemata haben einen weitreichenden Einfluss auf die Aufnahme, Bewertung und Speicherung von Informationen sowie auf das Entscheidungsverhalten der Menschen. Deshalb ist es mit diesem Modellansatz besser möglich, Standortentscheidungen zu erklären als beispielsweise mit normativ geprägten Entscheidungsmodellen (Andersen/Strandskov 1998). Standortschemata können auch als „subjektive Abbilder" realer Entscheidungsstrukturen im Unternehmen interpretiert werden.

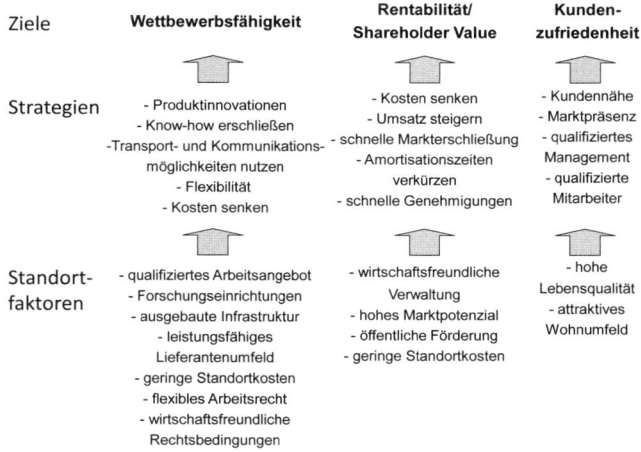

Abb. 7: Bereiche und Aspekte mentaler Standortschemata

Die Abb. 7 zeigt das Ergebnis von zehn zusammengefassten individuellen Standortschemata hochrangiger Manager. Ein Standortschema umfasst Standortziele (z.B. Wettbewerbsfähigkeit), Standortstrategien (z.B. Exportstrategie) und Standortfaktoren (z.B. Marktgröße). Zu erkennen ist, wie die drei Oberziele „Wettbewerbsfähigkeit", „Shareholder Value" und „Kundenzufriedenheit" durch spezifische Standortmerkmale und die daraus abgeleiteten Standortstrategien aus Sicht der befragten Manager erreicht werden können (vgl. Schnurrenberger 2000). Wettbewerbsfähigkeit wird danach in erster Linie durch Flexibilität und Innovationsfähigkeit erreicht. Standorte müssen diesen Anforderungen u.a. durch ein qualifiziertes Arbeitsangebot, Forschungseinrichtungen und ein flexibles Arbeitsrecht gerecht werden. Eine schnelle Markterschließung und Kostensenkungen fördern die Rentabilität. Standorte mit einer wirtschaftsfreundlichen Verwaltung, hohen Marktpotenzialen und niedrigen Standortkosten kommen diesem Ziel entgegen. Kundenzufriedenheit lässt sich nach Meinung der befragten Manager vorrangig durch Marktpräsenz und qualifizierte Mitarbeiter erreichen. Für diese Mitarbeiter wird ein Standort mit hoher Lebensqualität benötigt.

2.2 Standortkonzepte, -ziele und -strategien von Unternehmen

Ein Unternehmen kann als System miteinander vernetzter Wertschöpfungsprozesse (*Value Chain*) betrachtet werden (vgl. Müller-Stewens/Lechner 2011, S. 360ff.), die geografisch miteinander verbunden sind.

☐ Merksatz

Unter Wertschöpfung (*Value Added*) wird der Prozess des Schaffens von Mehrwert durch Bearbeitung verstanden.

Sämtliche Unternehmensaktivitäten müssen so organisiert und koordiniert werden, dass für die wichtigsten Anspruchsgruppen des Unternehmens ein Wert geschaffen wird (vgl. Müller-Stewens/Lechner 2011, S. 359f.). Eine systematische Wertschöpfungsanalyse ist im Kontext des *Porterschen* Modells der Wertkette möglich (vgl. Porter 2000).

Standortkonzepte umfassen die mit den Standorten und der Standortkonfiguration verfolgten Ziele, die Standortstrategien, mit denen die Ziele erreicht werden sollen, und die daraus abgeleiteten konkreten Maßnahmen. Grundlage der Entwicklung eines Standort-

2.2 Standortkonzepte, -ziele und -strategien von Unternehmen

konzepts ist die Standortanalyse hinsichtlich der Funktionen der Standorte, der Zielregionen (Präsenz), des Entwicklungspotenziales und der strategischen Rolle der Standorte. Die Funktionen von Standorten sind spezielle Wertaktivität im Wertschöpfungsprozess (z.B. Produktionsstandorte, F&E-, Beschaffungs- und Vertriebsstandorte). Unternehmen mit international konfigurierten Standorten legen fest, für welches Areal ein Werk bzw. eine Tochtergesellschaft verantwortlich ist (Präsenz). Ein Standort kann vom investierenden Unternehmen allein oder gemeinsam mit einem oder mehreren (lokalen) Partnern (z.B. Joint Venture) erschlossen werden. Darüber hinaus ist eine Standorterschließung durch Akquisition möglich. Der Status betrifft den Grad der Eigenständigkeit bzw. Autonomie einer Unternehmenseinheit (z.B. Tochtergesellschaft) im Konzern.

☐ Merksatz

Standortziele sind Aussagen über angestrebte zukünftige Zustände von Standorten und deren Konfiguration, die als Ergebnisse von betrieblichen Standortentscheidungen eintreten sollen.

Hierzu einige Beispiele:

- Standorte zur schnellen Markterschließung

  Bestehende Handelsbeschränkungen erfordern oftmals ein lokales Engagement. Import-Export- oder Devisentransferregelungen, *Local-Content*-Vorschriften sowie nicht-tarifäre Handelshemmnisse machen eine Bearbeitung vieler Auslandsmärkte von den Heimatländern der Unternehmen aus oftmals unattraktiv oder sogar unmöglich. Darüber hinaus wird gerade im zunehmenden Standortwettbewerb lokales Engagement von vielen Staaten und Ländern finanziell gefördert (z.B. Übernahme von Grundstückskosten, temporäre Steuerfreiheit etc.).

- Standorte zur Schaffung von Kundennähe

  Zur Schaffung und zum Erhalt nationaler und internationaler Wettbewerbsvorteile durch zufriedene Kunden ist eine starke Kundennähe und damit eine lokale Präsenz des Unternehmens oftmals unabdingbar.

- Standorte zur Technologie- und Know-how-Erschließung
  Technologieerschließung erfolgt in der Regel durch Übernahme innovativer Technologieunternehmen oder durch Kooperationen bzw. strategische Allianzen mit diesen. Mit einem übernommenen Unternehmen ist dann auch der „Standort" mit erworben. Unternehmen, die international ihre Wertaktivitäten konfigurieren, konzentrieren ihre F&E-Aktivitäten in solchen Ländern bzw. Regionen, die ein entsprechendes Innovations- bzw. Technologieprofil aufweisen (z.B. Clusterstrukturen).

- Standorte zur Kostensenkung und Produktivitätssteigerung
  Auch heute noch „wandern" Unternehmen mit dem regionalen und überregionalen Kostenniveau mit (*Theorie vom Branchen-Lebenszyklus*). Insbesondere im produzierenden Bereich werden oft Standorte in Länder mit niedrigeren Kostenniveaus verlagert (Niedriglohnländer). Allerdings sind nicht unbedingt die Stückkosten letztendlich für die Standortentscheidung bedeutsam, sondern die am Standort zu erreichende Produktivität. Vergleichsweise geringe Lohnkosten lassen sich nur dann in Wettbewerbsvorteile übertragen, wenn es gelingt, auch die Produktivität zu steigern.

Standortstrategien können grob in drei Kategorien unterteilt werden:

- Standortauswahl für eine Neugründung
- Strategien zur Optimierung der Konfiguration bestehender Standorte (Standortoptimierung) und
- Strategien zur Einrichtung neuer, zusätzlicher Standorte und deren Integration in die bestehende Struktur (Standorterweiterung).

Während insbesondere nach Phasen externen Wachstums häufig eine Bereinigung einer ungeplant gewachsenen Standortstruktur erforderlich ist (z.B. Verlagerung, Schrumpfung), stehen vor einer Phase starken internen Wachstums der Ausbau und die Erweiterung der Standortstruktur im Vordergrund (Pausenberger 1994, S. 54). Letztendlich ist auch bei jeder Neugründung eine Entscheidung über den Standort zu treffen (vgl. Abb. 8).

2.2 Standortkonzepte, -ziele und -strategien von Unternehmen

Die beiden Strategietypen, Standortoptimierung und Standorterweiterung, unterscheiden sich nicht so sehr hinsichtlich ihrer Zielsetzungen, sondern dadurch, dass Strategien zur Veränderung einer bestehenden betrieblichen Standortstruktur in der Regel deutlich mehr Restriktionen beachten müssen als Strategien für neue Standorte (z.B. vertragliche Rechte der Mitarbeiter, gesellschaftspolitischer Druck; Abb. 8).

Neugründungen	Standortoptimierung		Standorterweiterung
	Schrumpfung	Veränderung	
■ Existenzgründungen ■ unechte Neugründungen (z.B. *Spin-offs* von Abteilungen, die vom Unternehmen abhängig bleiben)	■ Schließung ■ reine Schrumpfung ■ Ausgliederung	■ Verlagerung ■ Ausweitung	■ Neuerrichtung ■ Akquisition

Abb. 8: Typen unternehmerischer Standortstrategien
Quelle: in Anlehnung an Grabow et al. 1995, S. 154

Der Entscheidungs- bzw. Handlungsspielraum ist demnach bei internen Standortentscheidungen oft erheblich geringer im Vergleich zu Standorterweiterungen. Nach einer Untersuchung von Pausenberger (1994, S. 55) entstehen neue Standorte überwiegend durch Akquisition und nur in weit geringerem Umfang durch eigene Neugründungen. Da bei der Akquisition in der Regel nicht die Standorte des zu übernehmenden Unternehmens im Vordergrund der Entscheidung stehen, sondern andere strategische Überlegungen, führt die Akquisition häufig zu einer Verschlechterung der Standortstruktur (Pausenberger 1994, S. 55). Ist eine vollständige Standortstruktur zu integrieren, müssen Doppel- und Mehrfachpräsenzen abgebaut werden.

2.3 Der Standortentscheidungsprozess in Unternehmen

2.3.1 Standorttheorien

- **Klassische Standorttheorien**, z.B. die von *Alfred Weber* (1922), konzentrieren sich insbesondere auf die Rolle der Transportkosten und versuchen, unter sehr vereinfachten Bedingungen eine optimale Standortentscheidung herzuleiten (vgl. auch Behrens 1961). Andere Standorttheorien setzen auf die regionenbildenden Kräfte exportierender Basisindustrien (*Exportbasistheorie;* Maly 1991, S. 40) oder auf die Wirkung sog. *Schlüsselindustrien* als Wachstumsmotoren für eine Region (Theorie der Wachstums- und Entwicklungspotenziale). Nach der *Theorie zentraler Orte* bilden sich aufgrund von wirtschaftlichen, kulturellen und sozialen Konzentrationsprozessen Regionen unterschiedlicher Verdichtung heraus. Hierzu trägt der Agglomerationseffekt, der die Anziehungs- bzw. Gravitationskraft von verdichteten Wirtschaftsräumen aufgrund von Fühlungsvorteilen und Marktpotenzialen beschreibt, wesentlich bei. Mit der Konzentration und Verdichtung einer Region können aber auch gegenläufige, zentrifugale Kräfte zur Wirkung kommen (z.B. Suburbanisierungsprozesse durch Gewerbeflächenknappheit und hohe Gewerbeflächenpreise). Dann beginnen sich die Beziehungen zwischen Zentren und Peripherie umzugestalten und es entstehen regionale „Speckgürtel" (Ronneberger/Noller 1994, S. 28).

- **Der Regionalansatz des Branchen-Lebenszyklus-Konzepts** von *Vernon* (1966) unterstellt, dass sich die Kriterien der Standorteignung und -bewertung im Verlauf eines Branchen-Lebenszyklus verändern (Pieper 1994, S. 30ff.). Während innovative Zukunftsbranchen eine tragfähige wissenschaftliche und technologische Infrastruktur, hochqualifizierte Fachkräfte und ein innovatives und kaufkräftiges Nachfragerpotenzial vorfinden müssen, stehen für Wachstumsbranchen die Nähe und das Potenzial von Absatz- und Beschaffungsmärkten sowie die Ver-

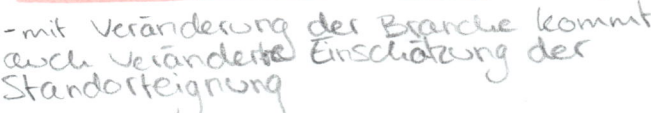

fügbarkeit an Gewerbeflächen im Vordergrund. Reifere Branchen sind durch eine zunehmende Standardisierungs- und Kostenorientierung sowie eine räumliche Dezentralisierung gekennzeichnet. In einem *filtering-down* oder *push-out Prozess* verlegen diese Branchen oft weniger produktive Betriebsteile in gering verdichtete Räume mit Kostenvorteilen.

- In der **Cluster-Theorie von Porter** (1998) spielen räumliche Konzentrationen und Agglomerationen von Unternehmen eine ganz entscheidende Rolle für das Ansiedlungsverhalten. Cluster bilden
    - im direkten Wettbewerb stehende Unternehmen der gleichen Branche,
    - für diese Unternehmen spezialisierte Lieferanten,
    - unterstützende und kooperierende Unternehmen, Organisationen und Institutionen (z.B. Beratungsgesellschaften, Verbände, Forschungseinrichtungen, Banken),
    - unterstützende Infrastruktureinrichtungen und
    - wichtige Kunden

    (vgl. Schiele 2003, S. 27ff.).

☐ **Merksatz**

> Branchenunternehmen einer Region stellen ein Cluster dar, wenn sie sich durch ein ausreichend ausgeprägtes Netzwerk von sektoral verwandten, unterstützenden und durch ihre gemeinschaftliche Wertschöpfung verbundenen Akteure auszeichnen, so dass sich die Vorteile der Region im Standortwettbewerb selbständig verstärken (Huttenloher 2006).

Ein Branchen- oder Kompetenz-Cluster ist eine Gruppe von lose vernetzten, interagierenden Unternehmen und assoziierten Institutionen innerhalb einer bestimmten Wirtschaftsbranche und entlang der Wertschöpfungskette in einem geografisch abgegrenzten Raum, die kooperativ versuchen, Gemeinsamkeiten und Komplementaritäten im eigenen Interesse und zur Stärkung des ökonomischen Potenzials zusammenzubringen (vgl. auch Porter 2003, S. 254).

Diese spezialisierten lokalen Branchen-/Kompetenz-Cluster können den beteiligten Unternehmen einen firmenunabhängigen Wettbewerbsvorteil durch die gemeinsame Nutzung und Entwicklung von Fähigkeiten, Wissen, Technologien, Informationen und Infrastruktureinrichtungen bescheren. Clusterunternehmen können aufgrund möglicher Spezialisierungsvorteile der regionalen Lieferantenstruktur (z.B. Lieferantenintegration) Kosten senken und eine höhere Produktivität erreichen (Schiele 2003, S. 35f.). Viele Vorteile können sich auch aus *Spillover-Effekten* zwischen den Firmen am Ort ergeben (z.B. Austausch spezialisierter Arbeitskräfte, Know-how und Informationsaustausch). Durch die Ansammlung und Konzentration hoch qualifizierter und spezialisierter Mitarbeiterinnen und Mitarbeiter in einem Cluster ergeben sich Möglichkeiten und Prozesse des gegenseitigen Wissensaustausches (Schiele 2003, S. 38ff.). Der erleichterte und intensivere Informationsaustausch innerhalb von Cluster-Unternehmen kann zudem die Innovationskraft der Unternehmen fördern (Schiele 2003, S. 60ff.). Kann der Standort (*Location Area*) für die Unternehmen ein günstiges Umfeld (*Capabilities*) schaffen (Infrastruktur, qualifizierte Arbeitskräfte, Finanzierungsmöglichkeiten), dann kann sich das sehr positiv auf die Produktivität und Innovationskraft der Cluster-Unternehmen auswirken (Porter 2003, S. 256).

Clustern wird nachgesagt, dass die zugehörigen Unternehmen eine höhere Produktivität als vergleichbar andere aufweisen. Begründet wird diese Annahme durch bessere Arbeitsteilung, spezialisierte Fachkräfte und Zulieferer, Möglichkeit der Spezialisierung und effizientere Beschaffung von Produktionsfaktoren, Zugang zu öffentlichen Institutionen, Größenvorteile (*Economies of Scale* und *Economies of Scope*), Aufbau von Wissensmanagementsystemen und geringere Transaktionskosten vor Ort (z.B. Suchkosten, Abwicklungskosten etc.; Babtista/Swann 1998).

☐ **Praxis**

> In einer Befragung von Sölvell et al. (2003) von 250 weltweit durchgeführten Clusterinitiativen gaben 85% davon an, dass sich die Wettbewerbsfähigkeit durch die Clusterstruktur verbessert.

2.3 Der Standortentscheidungsprozess in Unternehmen

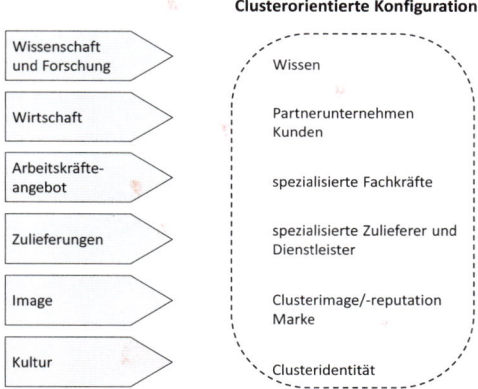

Abb. 9: Kompetenzcluster und Konfigurationen von Standortfaktoren

☐ **Merksatz**

Cluster-Netzwerke sind auf Wettbewerbsvorteile ausgerichtete Verbünde von Unternehmen, Organisationen und Institutionen mit komplex-reziproken, kooperativen und konkurrierenden Beziehungen. Das positive Wirken von Netzwerken innerhalb von Clustern geht zurück auf spezifische Konfigurationen von Ressourcen in Wissenschaft, Wirtschaft, Politik, Gesellschaft und Kultur (Abb. 9).

Die positiven Clustereffekte leiten sich zusammengefasst aus folgenden Faktoren ab:

- Entstehen innovativer Milieus durch bessere Kundenkenntnis,
- gemeinsamer Arbeitsmarkt ist attraktiv für spezialisierte Fachkräfte (Pool von qualifizierten Arbeitskräften),
- wechselseitiger Know-how- und Informationsaustausch zwischen Partnern (Wissenstransfer zwischen Partnern, Stellenwechsel),

- informeller Informationsaustausch über soziale Beziehungen innerhalb des Clusters (z.B. Bargespräche; Bieger/Scherer 2003, S. 20),
- Konkurrenzdruck innerhalb des Clusters,
- erhöhte Anpassungsfähigkeit bei sich verändernden Umfeldbedingungen,
- gemeinsame Finanzierungsprogramme möglich,
- Einbindung spezialisierter Zulieferer (Bereitstellung innovativer Vorleistungen),
- Kunden können durch anspruchsvolle Nachfrage Anstöße für Innovationen liefern (Bieger/Scherer 2003, S. 20),
- Bereitstellung spezialisierter Infrastruktureinrichtungen am Standort (z.B. Kommunikationsinfrastruktur; Bieger/Scherer 2003, S. 21),
- niedrigere Transaktionskosten,
- Verknüpfung von Wirtschaft und Wissenschaft (Forschungs- und Entwicklungskooperationen),
- geografische Nähe (informelle Kontakte) und eine
- gemeinsame „Clusterkultur" und lernende Regionen.

Länder, Regionen und Städte mit Clustern sind deshalb für clusterspezifische, externe Unternehmen und Lieferanten äußerst attraktiv und haben eine Magnetfunktion. In vielen Ländern und Städten werden Cluster inzwischen als Erfolgsfaktoren der Wettbewerbsfähigkeit von Standorten angesehen. Gründe dafür liegen in dem Potenzial von Clustern, als „internationale Kompetenzknoten mit globaler Leadfunktion, mit einer weltweiten Magnetwirkung für Wissen, Humankapital und Investitionen und mit einer verstärkten internationalen Verflechtung [erfolgreich] die Herausforderungen der Globalisierung" meistern zu können (Bundesministerium für Bildung und Forschung 2014). Vom Bundesministerium für Bildung und Forschung werden zahlreiche Cluster aufgelistet, allerdings keines aus Deutschland (siehe Abb. 10).

2.3 Der Standortentscheidungsprozess in Unternehmen

Abb. 10: Cluster in Europa
Quelle: BMBF (www.kooperation-international.de/clusterportal.html)

Für Cluster-Unternehmen steht weniger eine direkte Konkurrenz im Vordergrund als vielmehr die gemeinsamen Herausforderungen und die zu überwindenden Hindernisse und Risiken. Standorte, die eine Clusterpolitik betreiben, müssen ein sog. Cluster- oder Netzwerkmanagement aufbauen. Zu den Aufgaben eines Netzwerkmanagements gehört die Bereitstellung von unterstützender Dienstleistungsinfrastruktur, die Etablierung vertrauensvoller Netzwerkkooperationen und -kommunikation sowie die Sichtbarmachung des Clusters nach außen (Clustermarketing).

☐ **Praxis**

> In *Berlin* sind beispielsweise die fünf Cluster „Gesundheitswirtschaft", „Energietechnik", „Mobilität, Verkehr und Logistik", „IKT, Medien, Kreativwirtschaft" und „Optik" errichtet worden.

Cluster entstehen oft durch „Initialzündungen" (z.B. Bundeswettbewerb BioRegio), Neuausrichtung nach Krisen oder durch gemeinsame Kunden bzw. Märkte. Eine genaue Identifikation von Clustern ist allerdings schwierig. Damit Cluster eine positive Wirkung entfalten können, muss eine sog. „kritische Masse" an regional konzentrierten Unternehmen, Organisationen (z.B. Clustermanagement), Institutionen (z.B. Verbände, IHKs) und Kompetenznetzwerken vorhanden sein, die in einer Art Simultanität von Konkurrenz und Kooperation (Coopetition) zusammenwirken. Nach einer Untersuchung von van der Linde (2003) verbessert sich die Wettbewerbsfähigkeit von Cluster-Unternehmen erst, wenn das Cluster insgesamt eine Anzahl von mehr als 15.000 Beschäftigten erreicht.

Abb. 11: Selbstverstärkende, dynamische Clustereffekte

Die Clusterelemente Kooperation und Konkurrenz können eine fruchtbare, selbstverstärkende dynamische Wirkung durch die Anziehungskraft des Clusters auf Fachkräfte, Lieferanten und Unternehmensgründungen entfalten (Abb. 11). Voraussetzung dafür ist, dass das Cluster durch ein entsprechend positives Image diese Attraktivität für andere auch herstellen kann.

- **Verhaltenswissenschaftliche, entscheidungstheoretische Ansätze** beschreiben die Standortwahl durch einen mehrpersonalen, phasenorientierten und relativ lang andauernden kollektiven Entscheidungsprozess (Schwartz 1982, S. 213). Dieser Prozess kann in die Anregungs-, Such-, Bewertungs- und Auswahlphase unterteilt werden. Für einen Standortanbieter ist es wichtig zu wissen, welche Personen innerhalb einer Organisation an Standortentscheidungen beteiligt sind, welche Rollen sie ausüben und nach welchen Kriterien Standorte bewertet und ausgewählt werden (vgl. Kotler et al. 1995, S. 70f.). Hierzu kann in der Analyse auf das Buying Center-Konzept (Backhaus/Voeth 2010, S. 44ff.) und den *Buying Network-Ansatz* des B-to-B-Marketing zurückgegriffen werden (vgl. Backhaus/Voeth 2010, S. 69ff.). Ziel dieser Ansätze ist es, die Rollen und Funktionen sowie das Informations- und Kommunikationsverhalten von an Entscheidungen beteiligten Personen zu erfassen.

2.3.2 Akteure der Standortauswahl im Unternehmen

Die Standortauswahl wird von Personen und Gruppen getroffen, die hinsichtlich ihrer Position, Funktion und Rolle einen unterschiedlichen Beitrag zur Standortentscheidung leisten. Es sind insbesondere fünf Akteursgruppen, die bei betrieblichen Standortentscheidungen eine zentrale Rolle spielen:

- einflussreiche Einzelpersonen (z.B. Vorstandsvorsitzende/r),
- Geschäftsfeld- und Regionalleitungen (Geschäftsführung, Vorstand),
- spezielle Organisationseinheiten im Unternehmen (z.B. Stabsstellen wie Strategie und Planung, Abteilungen Recht, Finanzierung, Controlling, Marketing und Vertrieb),
- speziell für die Standortauswahl eingesetzte Projektteams bzw. Komitees,
- Unternehmensberater.

Sehr häufig werden zur Vorbereitung von Standortentscheidungen „ad hoc-Teams" gebildet, die aus Personen unterschiedlicher Abteilungen und Hierarchien des Unternehmens sowie solchen der betroffenen Geschäftsfelder und Tochtergesellschaften zusammengesetzt sind. Ausschlaggebend für eine Einbeziehung sind erforderliche fachliche und kulturelle Kompetenzen. Mitarbeiter dieser

Projektteams übernehmen oft nach der Standortentscheidung als *Expatriates* vor Ort das Management des neu gegründeten Unternehmensstandortes. Fallweise treten einzelne Abteilungen als eigenständige Akteure auf. Strategische Planungsabteilungen oder Stabsstellen initiieren oft den Prozess der Standortauswahl und achten auf die Vereinbarkeit mit der Gesamtstrategie der Unternehmung. Sowohl das Geschäftsbereichsmanagement als auch das Regionalmanagement (z.B. Tochtergesellschaft) haben oft einen starken Einfluss auf Standortentscheidungen. Bei unterschiedlichen Interessen zwischen beiden Bereichen kann es zu Konflikten kommen. Einzelne Persönlichkeiten in Unternehmen, oft hochrangige Manager, treten fallweise als einflussreiche und starke Befürworter (Promotoren) bzw. Gegner (Opponenten) von bestimmten Standorten auf. Geleitet werden diese Personen häufig von persönlichen Interessen und Präferenzen.

Standortanbieter (z.B. regionale oder staatliche Wirtschaftsförderung, Ministerien, Mandatsträger, Ämter der Verwaltung) haben einen indirekten, aber nicht zu unterschätzenden Einfluss auf den Prozess der betrieblichen Standortbewertung und -entscheidung. Gerade diese Erkenntnis macht ein professionelles Standortmarketing-Konzept so wichtig. Deren Einflussnahme erfolgt z.B. durch Bereitstellung von Informationen und Beratungsleistungen. Darüber hinaus sind die persönlichen Kontakte (Geschäftsbeziehungen) von ganz entscheidender Bedeutung. Verantwortliche bei Unternehmen für die Standortwahl unterscheiden sehr genau zwischen Standorten, die von der örtlichen Wirtschaftsförderung sehr professionell vermarktet werden und die die Anforderungen der Unternehmen nach Information, Beratung und Service voll erfüllen, und solchen, die diesbezüglich erhebliche Defizite aufweisen. Unternehmensberater werden häufig für bestimmte Teilprobleme eingesetzt (z.B. Vorstudien über alternative Standorte, Personalakquisition). Sie nehmen insgesamt eine unterstützende Funktion im Standortentscheidungsprozess ein.

2.3.3 Die Entscheidungsphasen

Übersicht

Standortentscheidungen werden in großen Unternehmen in der Regel multipersonal getroffen und zeichnen sich durch eine hohe Komplexität, Entscheidungsunsicherheit und Tragweite hinsichtlich der Konsequenzen aus. Bei der Wahl eines Betriebsstandortes müssen vielfältige und oft nur schwer oder gar nicht zu quantifizierende (Standort-)Faktoren mit hohen Unsicherheiten berücksichtigt werden. Standortentscheidungen sollten immer aufgrund ihres konstitutiven Charakters auf der Grundlage eingehender Recherchen und Standortanalysen getroffen werden. Die Entscheidungsvorbereitung ist bei den meisten Unternehmen in Stäben des Vorstands bzw. in der Geschäftsführung angesiedelt. Damit kommt der außerordentlich hohe Stellenwert von Standortentscheidungen zum Ausdruck (Balderjahn/Aleff 1996, S. 42).

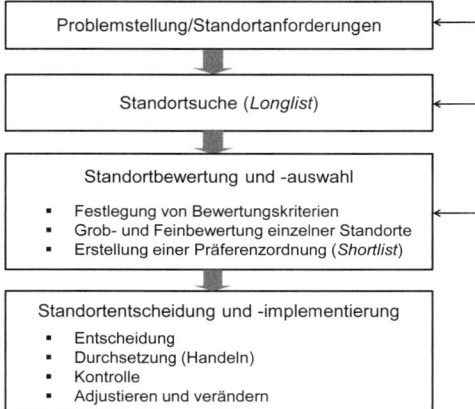

Abb. 12: Entscheidungsphasen der Standortauswahl

Der Entscheidungsprozess zur Auswahl von Standorten kann in die folgenden Phasen unterteilt werden: *Standortproblem* (Warum wird nach einem Standort gesucht? Was ist das strategische Ziel der

Standortsuche?), *Standortsuche* (Welche alternativen Standorte gibt es?), *Standortbewertung und -auswahl* (Nach welchen Kriterien sollen Standorte bewertet und mit welchen Methoden verglichen werden?), *Entscheidung und Implementierung* (Durchsetzung und Kontrolle; vgl. Abb. 12). Standortentscheidungsprozesse durchlaufen oft in einem sequentiell-iterativen Verlauf mehrere Schleifen. Das Wiederholen einer bereits durchlaufenen Phase liegt ebenso in der Natur dieses Prozesses wie das Überspringen einzelner Teilschritte. Erst nachdem die einzelnen Teilentscheidungsphasen abgeschlossen sind, wird eine verbindliche Entscheidung getroffen. Die folgenden Ausführungen orientieren sich an den genannten Entscheidungsphasen.

Problemstellung

In der Phase „Problemstellung" geht es darum, die Gründe bzw. Notwendigkeit für einen Standortsuchprozess festzuhalten und mit Daten zu hinterlegen. Insbesondere geht es darum, das strategische Ziel der Standortentscheidung (z.B. Kostensenkung, Markterschließung, Technologiezugang) und die damit verbundene Rolle des neuen Standortes zu definieren (Kinkel 2008). Bei der Wahl eines Unternehmensstandortes müssen vielfältige und oft nur schwer quantifizierbare Faktoren mit hoher Unsicherheit in der Einschätzung berücksichtigt werden. Standortentscheidungen sind konstitutiv, d.h., sie haben eine große Bedeutung für das Unternehmen, erfordern Investitionsmittel in nicht unerheblichem Ausmaß und wirken auf zahlreiche Folgeentscheidungen ein.

☐ Praxis

Im Jahr 1994 wurde eine vergleichende empirischen Studie zur Standortwahl von in *Brandenburg* ansässigen und nicht ansässigen privaten Unternehmungen durchgeführt (Balderjahn/Aleff 1996). Insgesamt wurden 408 ansässige (Investoren) und 243 externe Unternehmungen (Nicht-Investoren) mit dieser Studie erfasst. Die Unterscheidung zwischen diesen beiden Unternehmensgruppen wurde bewusst gewählt,

2.3 Der Standortentscheidungsprozess in Unternehmen

um spezifische Hinweise für die Strategiebereiche „Bestandspflege" und „Akquisition" des Standortmarketing zu erhalten. Von den befragten Unternehmen wurden folgende Gründe als sehr wichtig für die Standortsuche genannt: Wachstumschancen nutzen, Unterstützung durch Fördermittel (Subventionen) und Steuervorteile von den Unternehmen (Balderjahn/Aleff 1996, S. 40f.). Dagegen spielten Probleme am alten Standort (z.B. Kapazitätsengpässe, hohe Kosten, ungünstige Verkehrslage) eine geringere Rolle. Für Brandenburg speziell wurden insbesondere die Nähe zu Berlin, verfügbare Grundstücke, der Arbeitsmarkt sowie das Marktpotenzial als ausschlaggebende Gründe für Standortinvestitionen genannt. Gegen eine Investition in Brandenburg sprachen in dieser Zeit aus Sicht der externen Unternehmen die politischen Verhältnisse, der Mangel an Fach- und Führungskräften sowie Mängel in der technischen Infrastruktur Brandenburgs.

Nach der Identifizierung von Standortproblemen stellt sich die Frage nach der organisatorischen Zuständigkeit innerhalb des Unternehmens. An der Wahl der Hierarchiestufe, die für die Standortentscheidung verantwortlich ist, lässt sich erkennen, welchen Stellenwert dieser Thematik in der Unternehmung beigemessen wird. In der oben genannten Brandenburg-Studie war die Entscheidungsvorbereitung in der überwiegenden Anzahl der Unternehmen im Vorstand bzw. in der Geschäftsleitung angesiedelt. Dieses Ergebnis ist ein Beleg für den außerordentlich hohen Stellenwert von Standortentscheidungen in Unternehmen. Externe Berater werden dagegen von nicht einmal zehn Prozent der Unternehmen in den Entscheidungsprozess einbezogen. Für die Phase der Standortsuche muss abschließend ein Standortkonzept erstellt werden, das die Ziele des Investments sowie die Anforderungen des zu suchenden Standortes definiert.

Standortsuche und Informationsbeschaffung

In der Phase Standortsuche geht es um die Beschaffung, Ordnung, Sichtung und Bewertung von standortrelevanten Informationen. In der Bewertung von Standorten drücken sich die Anforderungen einer Unternehmung an einen Standort aus. Um einschätzen zu können, inwieweit ein zu prüfender Standort den unternehmensspezifischen Anforderungen genügt (*Standorteignung*), müssen Informationen beschafft werden. Für ein erfolgreiches nationales bzw. regionales Standortmarketing ist es von entscheidender Bedeutung, das Informationsverhalten standortsuchender Unternehmen zu kennen bzw. einschätzen zu können. Hiervon ist es abhängig, wie gut es einer Wirtschaftsregion gelingt, das Interesse von Investoren auf Standorte innerhalb dieser Region zu lenken. Mit diesem Wissen ist es den Trägern regionaler Marketingaktivitäten möglich, geeignete Strategien zur Standortprofilierung zu entwickeln. Die Ausrichtung dieser Strategien erfolgt sowohl intern, um die Standortzufriedenheit bereits angesiedelter Unternehmen zu verbessern, als auch extern, damit optimale Voraussetzungen für ansiedlungswillige Unternehmen geschaffen werden können. Es kommt darauf an, möglichst verlässliche aktuelle und spezifische Informationen zur betrieblichen Standortbewertung zu erhalten. Zur Beschaffung werden Recherchen von Sekundärquellen (z.B. Veröffentlichungen von Wirtschaftsverbänden, Internet) sowie eigene Vor-Ort-Recherchen (z.B. Gespräche mit ausgewählten Repräsentanten und Geschäftspartnern der Region) durchgeführt. In diesem Prozess werden oftmals auch Unternehmensberater eingesetzt. Standortsuchende Unternehmen werden sich nicht nur und oft nicht zuerst bei den jeweiligen Wirtschaftsfördergesellschaften oder Ämtern erkundigen, sondern eigene Tochtergesellschaften in dem Land, Partner bzw. Geschäftsfreunde, IHKs und spezielle Consulting-Firmen kontaktieren.

Standortbewertung und Standortauswahl

Grundlegende Unternehmensziele und -strategien, die Unternehmenskultur und -identität sowie das jeweilige Geschäftsfeld oder die jeweilige Wertschöpfungsaktivität, für die ein Standort gesucht wird, grenzen die potenziell möglichen Standorte für eine konkrete Suche in der Regel stark ein. Die Festlegung von Makrostandorten (z.B. Kontinente, große Regionen, Länder) erfolgt in der Regel aus unternehmenspolitischer Sicht und auf der Basis der Standortstrategie und den Zielen. Diese Vorgaben legen den Rahmen für die Standortpolitik und die Auswahl potenzieller Standorte fest (*Longlist*). Der Prozess der Standortbewertung umfasst die Identifikation und Auswahl von Bewertungs- und Entscheidungskriterien, die Durchführung einer (Grob- und Fein-)Analyse der in Betracht gezogenen Standorte sowie die Erstellung einer Präferenzordnung für die Auswahl. In der Phase der Grobbewertung können Länder und größere Regionen (Makrostandorte) und in der Feinbewertung einzelne, konkrete Standorte (Mikrostandorte) sukzessiv ausgewählt werden (Filter- bzw. Trichterprinzip). Darüber hinaus kann geprüft werden, ob die Standortsuche allein, mit einem Kooperationspartner, mit Unterstützung einer Consulting-Firma oder durch eine mögliche Akquisition erschlossen werden soll. Die Feinauswahl endet mit einer Präferenzordnung bzw. Clusterung geeigneter Standorte.

Die Standortsuche und -auswahl sollte als mehrstufiger, sequenzieller Prozess gestaltet werden (Reuter et al. 2008, S. 789). Beginnend mit der Anzahl potenzieller Standorte der *Longlist* reduziert sich die Anzahl der noch in Betracht kommenden Standorte in jeder Prozessstufe. Der Informationsbedarf sowie der Analyse-/Zeit- und Rechenaufwand und die Kosten steigen mit zunehmender Konkretisierung der Standortwahl beträchtlich an. Die im Bewertungsprozess herangezogenen Kriterien (Standortfaktoren) unterscheiden sich in Art und Anzahl von Stufe zu Stufe (sukzessiver Bewertungsprozess). In einem schrittweisen Filterungsprozess, der mit allgemeinen, aber ganz zentralen Kriterien (sogenannte K.-o.-Kriterien) beginnt (Grobbewertung) und mit sehr branchen- und leistungsbezogenen Kriterien endet (Feinbewertung), wird die Anzahl der betrachteten Standorte sukzessive so lange verringert, bis nur noch eine kleine überschaubare Anzahl von 3 bis 5 grundsätzlich akzeptablen Standorten übrig bleibt (*Shortlist*; vgl. Balderjahn/ Specht 2011, S. 144f.).

Bei der *Grobauswahl* von Standorten (Bestimmung des Makrostandortes) spielen oft nur wenige Kriterien (Restriktionen, K.-o.-Kriterien) eine entscheidende Rolle. Dazu gehören die politische Stabilität des Landes, das Investitionsrisiko, die Marktgröße und das Marktwachstum sowie das Investitionsvolumen. Länder, die diese Kriterien erfüllen, werden in der sog. *Longlist* erfasst und im Bewertungs- und Auswahlprozess weiter berücksichtigt. Die *Feinanalyse* bewertet dann konkrete Eigenschaften der zu prüfenden Standorte.

2 Standortentscheidungen in Unternehmen

Unterstützt wird dieser Auswahlschritt u.a. durch Investitionsrechenverfahren. Dazu werden anhand von qualitativen und quantitativen Verfahren Vergleichsrechnungen durchgeführt. Am Ende der Feinanalyse steht eine sogenannte *Shortlist*, die nur noch einige wenige Standorte enthält, die dann einer letzten, ganz intensiven Prüfung unterzogen werden. Bei nachfolgenden Begehungen der aus der Feinanalyse hervorgegangenen Standorte kommt es zum Kontakt mit den örtlichen Behörden, der Wirtschaftsförderung und ggf. mit lokalen Unternehmen (Kinkel 2008). Auch in Anbetracht eines schnellen und kostengünstigen Standortauswahlprozesses ist ein sukzessiver Auswahlprozess sinnvoll. In der Praxis wird die Standortauswahl allerdings bei Weitem nicht so systematisch und strukturiert durchgeführt wie es vonseiten der Wissenschaft gefordert wird und hier dargestellt wurde (vgl. Pausenberger 1994, S. 56). Die Phasen der Standortbewertung und -auswahl können der Abb. 13 entnommen werden.

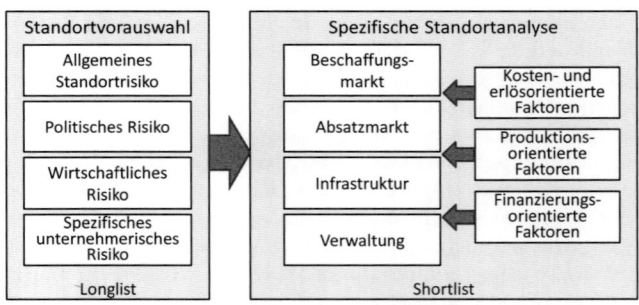

Abb. 13: Mehrstufiger sukzessiver Filterungsprozess im Rahmen der Standortentscheidung. Quelle: In Anlehnung an Reuter et al. 2008, S. 790

Zur Standortbewertung können mehrere Methoden bzw. Verfahren eingesetzt werden, die von der Phase der Bewertung abhängig sind wie z.B. Checklisten, Punktwertmodelle und Investitionsrechenverfahren (Bea/Schweitzer 2009, S. 373ff.). Checklisten liefern einen für Branchen standardisierten Katalog gewichteter Kriterien (Soll-Anforderungen), die mit den Merkmalen des zu bewertenden

Standorts verglichen werden. Eine gute Methode der Grobbewertung ist die Gegenüberstellung der Eignung eines Standortes (*Standorteignung*) mit den Anforderungen an bestimmte Standortfaktoren seitens des standortsuchenden Unternehmens (*Standortanforderungen*).

2.3.4 Standortfaktoren

Arten

Standorte können als Bündel spezifischer Merkmale bzw. Faktoren definiert werden. Für diese Merkmale prägte *A. Weber* 1909 den Begriff „Standortfaktoren". Das sind solche Kriterien, „die auf die Erfolgssituation des Unternehmens standortspezifisch" sind (Hansmann 1974, S. 17).

☐ **Merksatz**

Standortfaktoren sind standortabhängige Größen, die einen Einfluss auf das Erreichen betrieblicher Ziele ausüben. Es sind die Kriterien der Standortbewertung und des -vergleichs.

Sie erfassen die standortspezifischen Kosten- und Leistungsarten, die bei der Auswahl eines Standorts von Bedeutung sind (vgl. Schmalen/Pechtl 2013, S. 28). Neben branchenunabhängigen Faktoren wie das Marktpotenzial oder die Steuerlast sind es insbesondere branchen- bzw. geschäftsbereichsspezifische Standortfaktoren (z.B. Vorhandensein von Grundstücken außerhalb von Wohngebieten, um Umweltauflagen zu vermeiden), über die Unternehmen Informationen suchen. Standortfaktoren sind somit die Kriterien der Standortbewertung und -auswahl und können in die folgenden Gruppen eingeteilt werden (vgl. Bea/Schweitzer 2009, S. 371 ff.):

- **Ökonomische Faktoren** wie z.B. die Verfügbarkeit und Kosten von qualifizierten Arbeitskräften sowie geeigneten Grundstücken, die vorhandene Verkehrsinfrastruktur (z.B. Flugplätze, Autobahnanschlüsse), die vorhandene Versorgungsinfrastruktur (z.B. Energie, Wasser, spezielle Lieferanten), Marktgröße und Marktwachstum sowie das Vorhandensein regionaler Cluster. Cluster sind Systeme offen vernetzter Unternehmen und sonstiger Einrichtungen (z.B. Universitäten), die für das einzelne Unternehmen mehr Vorteile liefern im Vergleich zum Zustand ohne Cluster (vgl. Weber/Kabst 2009, S. 52f.).

- **Politische Faktoren** wie z.B. die politische Stabilität des Landes, Höhe von Steuern, Gebühren und Zöllen, Auflagen und Beschränkungen wirtschaftlichen Handelns (z.B. Bürokratie, *Local Content*) sowie staatliche Förderungen und Unterstützung (z.B. *Subventionen*).
- **Kulturelle und gesellschaftliche Faktoren** wie z.B. kulturelle Affinität und Sprache sowie die Qualität gesellschaftlicher Institutionen (z.B. Bildungs- und Gesundheitswesen).
- **Geografische Faktoren** wie z.B. geologische und klimatische Bedingungen, Topografie.

Die Dynamik von Standortentscheidungsprozessen beinhaltet, dass spezifische Standortfaktoren zu unterschiedlichen Zeitpunkten betrachtet und bewertet werden. So gibt es Kriterien der Makroauswahl zwischen Ländern und Regionen (z.B. Marktgröße, Infrastrukturausstattung), die zuerst, in der Phase der Grobauswahl, bewertet werden, und solche der Mikroauswahl zur Auswahl einzelner Standorte innerhalb eines Landes (Phase der Feinbewertung, z.B. Gewerbeflächenpreise, regionale Förderprogramme). Mit der zunehmenden Konkretisierung von Standortentscheidungen erhöhen sich der Informationsbedarf und der Analyseumfang beträchtlich. Insofern ist anzuraten, möglichst schnell auf eine relativ geringe und gut überschaubare Anzahl von Standorten im Bewertungsprozess hinzuarbeiten, um den Kosten- und Zeitaufwand kalkulierbar zu halten. Einige Standortfaktoren sind zudem vom investitionswilligen Unternehmen beeinflussbar. In Abhängigkeit der Bedeutung einer Investition für eine bestimmte Region, insbesondere der damit geschaffenen Arbeitsplätze, können Unternehmen u.U. Sonderkonditionen mit den jeweiligen Behörden aushandeln.

Standortfaktoren sind unterschiedlich wichtig. So gibt es welche, deren Erfüllung eine notwendige Voraussetzung für eine Investition darstellen wie z.B. die politische Stabilität eines Landes, und andere, die weniger ins Gewicht fallen wie z.B. das Vorhandensein internationaler Schulen. Eine Unterteilung in *K.-o.-Kriterien* (z.B. politische

2.3 Der Standortentscheidungsprozess in Unternehmen

Risiken am Standort) sowie in *harte* (ökonomische Faktoren) und *weiche* (kulturelle Faktoren) Standortfaktoren ist sehr sinnvoll.

☐ **Merksatz**

> Harte Standortfaktoren haben in der Regel eine größere Bedeutung bei der Standortbewertung, sie sind oft quantifizierbar und haben einen ökonomischem Bezug (z.B. Investitionskosten, Steuersätze, Grundstückspreise, Marktgröße).

Diese Faktoren können im Rahmen formaler Verfahren einer standardisierten Standortanalyse ermittelt und bewertet werden und dienen deshalb sehr häufig der Grobauswahl von Standorten. Als weiche Standortfaktoren werden häufig solche Kriterien bezeichnet, die schwer oder gar nicht quantifizierbar sind und in hohem Maße subjektiv wahrgenommen und bewertet werden. Sie umfassen Freizeitmöglichkeiten, Verfügbarkeit und Qualität an Wohnraum, kulturelle Angebote, attraktive Einkaufsmöglichkeiten, landschaftliche Attraktivität, intakte Umwelt und die Qualität des Gesundheitswesens.

☐ **Merksatz**

> Weiche Standortfaktoren können oft nur mehr oder weniger gut in ihren Ausprägungen begründet oder belegt werden (z.B. Bildungswesen, Lebensqualität). Sie sollten in unternehmensspezifische (z.B. Wirtschaftsklima, Image) und personenspezifische (z.B. Wohnumfeld) Faktoren unterschieden werden.

Die Bedeutung weicher Standortfaktoren, wie z.B. das kulturelle Umfeld oder eine hohe Lebens- und Wohnqualität am Standort, wird manchmal über- und manchmal auch unterschätzt. Wissenschaftliche Studien scheinen zu belegen, dass diese Faktoren insgesamt gesehen eine nachrangige Bedeutung haben (Balderjahn/Aleff 1996; Grabow et al. 1995, S. 18). Weiche Standortfaktoren sind für Unternehmen sehr wichtig, die hoch qualifizierte Mitarbeiter/innen gewinnen müssen (z.B. im F&E-Bereich), im Vergleich zu Unternehmen, die sehr stark automatisiert produzieren und eher einfache Qualifikationen auf dem Arbeitsmarkt nachfragen. Darüber hinaus gibt es eine Dynamik in der Bedeutung weicher und harter Standortfaktoren während des gesamten Bewertungs- und Entscheidungsprozesses. Weiche Standortfaktoren können in der Endphase

2 Standortentscheidungen in Unternehmen

des Entscheidungsprozesses an Bedeutung deutlich zunehmen, insbesondere dann, wenn sich die verbleibenden Standorte hinsichtlich der harten Daten kaum noch unterscheiden. Dann nehmen die weichen Standortfaktoren die Funktion des „Zünglein an der Waage" ein (*Value Added*; vgl. Grabow et al. 1995, S. 147). Weiterhin werden weiche Standortfaktoren im Laufe des Entscheidungsprozesses als Kriterium der Mikroauswahl deshalb immer wichtiger, da im Entscheidungsprozess zunehmend Personen einbezogen werden, die nach der Entscheidung am neuen Standort Aufgaben zu übernehmen haben (Abb. 14).

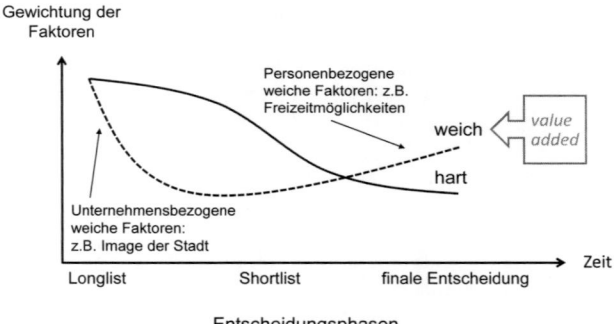

Abb. 14: Dynamik der Standortfaktoren bei der Standortauswahl

Dieser Effekt wird dann umso stärker, je mehr Personen des investierenden Unternehmens vor Ort beschäftigt werden sollen und je höher die Qualifikationsanforderungen der dort zu beschäftigenden Personen sind (z.B. persönliche Sicherheit, Gesundheitsversorgung, Bildungssystem, Wohnraum). Weiterhin wirken weiche Faktoren unterschiedlich bei der Bestandsentwicklung (Bleibe-Entscheidung) im Vergleich zur Ansiedlung.

Zu den harten und weichen Standortfaktoren können grundsätzlich folgende Aussagen getroffen werden:

- Harte Standortfaktoren sind insgesamt wichtiger bei der Standortbewertung als weiche. Allerdings ist eine genaue Abgrenzung nicht immer möglich.

2.3 Der Standortentscheidungsprozess in Unternehmen

- Weiche Standortfaktoren sollten in unternehmensspezifische (z.B. Wirtschaftsklima, Image) und personenspezifische (z.B. Wohnumfeld) Faktoren unterschieden werden.
- Weiche Standortfaktoren sind für solche Unternehmen wichtiger, die hoch qualifizierte Mitarbeiterinnen und Mitarbeiter gewinnen müssen (z.B. F&E).
- Weiche Standortfaktoren wirken unterschiedlich bei der Bestandsentwicklung (Bleibe-Entscheidung) und der Ansiedlung.

Das Kano-Modell: Erwartung und Zufriedenheit

☐ Merksatz

Nach dem *Kano-Modell* (benannt nach dem japanischen Wissenschaftler *Noriaki Kano*) ist der Zusammenhang zwischen den Erwartungen bezüglich einer Leistung, in unserem Fall bezüglich eines potenziellen Standortes, und aus mit dem Grad der Erfüllung dieser Erwartungen resultierenden Zufriedenheit nicht zwingend proportional (vgl. Abb. 15).

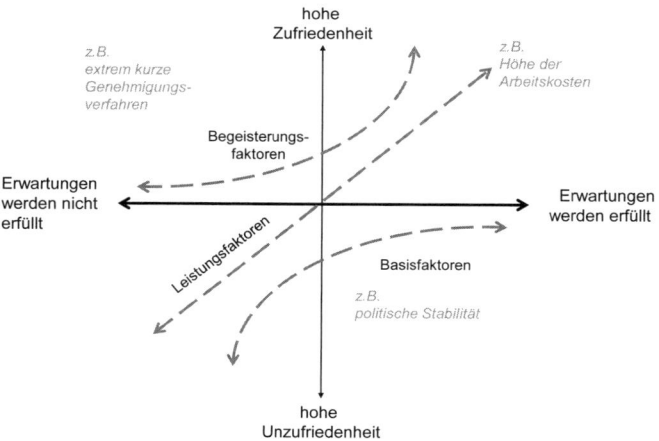

Abb. 15: Das Kano-Modell

Das Modell unterscheidet drei Arten von Bewertungskriterien bzw. -faktoren: Basis-, Leistungs- und Begeisterungsfaktoren. Nur bei den Leistungsfaktoren ist der Zusammenhang zwischen Erwartung und Zufriedenheit proportional: Je besser Erwartungen zu diesen Faktoren vom Standort erfüllt werden, desto höher die Zufriedenheit mit diesem Standort. Von den relevanten Standortfaktoren können als Beispiele hierfür die erwartete Höhe der Investitions- und Entwicklungskosten sowie die Arbeitskosten vermutet werden.

Basisfaktoren nach diesem Modell sind unabdingbare Forderungen (K.-o.-Kriterien), deren Erfüllung durch einen Standort vorausgesetzt wird. Nicht das Eintreffen dieser Erwartung erzeugt Zufriedenheit (Voraussetzungen werden erfüllt), sondern das Nicht-Eintreffen erzeugt in hohem Maße Unzufriedenheit. Für Standortanbieter heißt das, mit Selbstverständlichkeiten kann im Wettbewerb nicht gepunktet werden. K.-o.-Kriterien müssen erfüllt werden, damit der Standort überhaupt eine Chance hat, ausgewählt zu werden.

Bei den Begeisterungsfaktoren ist es gerade umgekehrt: Nicht das Ausbleiben einer Leistung erzeugt Unzufriedenheit, sondern das Eintreten fördert die Zufriedenheit. Begeisterungsfaktoren liegen einer Standortwahl entweder gar nicht zugrunde (keine Erwartungen) oder es werden geringe Niveaus fixiert, da diese Faktoren für die Gesamtbewertung im Vorfeld nicht erkannt oder als nicht besonders wichtig eingestuft werden. Wird nun eine attraktive Leistung vom Standort erbracht, die nicht erwartet war, so kann diese Leistungserbringung Begeisterung auslösen. Als Beispiel könnten hier extrem geringe Genehmigungszeiten genannt werden oder eine beachtliche Subvention, mit der nicht gerechnet wurde. Für die Standortanbieter heißt das, K.-o.-Kriterien erfüllen und wenigstens bei einigen Leistungsbereichen ein deutliches Übertreffen der Erwartungen erreichen. Zudem können „Kleinigkeiten" auch mal Begeisterung auslösen. Die Berücksichtigung dieser unterschiedlichen Wirkung von Standortfaktoren auf die Zufriedenheit der Investoren ist nicht nur bei Ansiedlungen, sondern auch in der Bestandspflege der Wirtschaftsförderung wichtig.

Standortanforderungen und Standorteignung

Für die erfolgreiche Entwicklung eines Standortmarketing-Konzepts sind Kenntnisse darüber, welche Anforderungen Zielgruppen an einen Standort stellen (Standortanforderungen) und wie sie diesbezüglich konkrete Standorte bewerten (Standorteignung), von zentraler Bedeutung. Standortfaktoren können in ihrer Gesamtheit je Standort als Portfolio von Potenzialen aufgefasst und entlang der Dimensionen „Standortanforderungen" (externer Faktor) und „Standorteignung" (interner Faktor) dargestellt werden. Mit diesem Wissen ist es den Verantwortlichen regionaler Marketingaktivitäten möglich, geeignete Strategien zur Standortprofilierung zu entwickeln. Durch eine zweidimensionale Abbildung von Standortanforderungen einerseits und Standorteignung andererseits lassen sich vier strategische Standortpositionen identifizieren (Abb. 16).

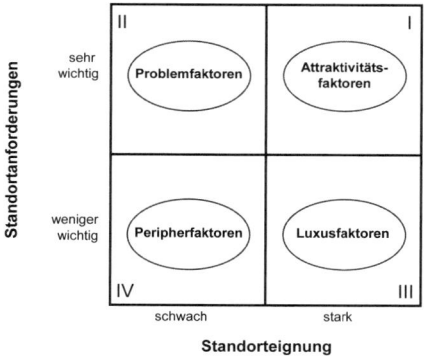

Abb. 16: Standortanforderungen vs. Standorteignung (Anforderungs-Eignungs-Matrix)

Ein Standort befindet sich dann in einer ausgezeichneten Position, wenn er in vielen strategisch wichtigen Standortanforderungen aus Sicht der Zielgruppe sehr stark ist (Position I, Abb. 16). Alle Anstrengungen sollten darauf gerichtet sein, diese „Trümpfe" zu halten, die als *Attraktivitätsfaktoren* (*Unique Place Propositions*) zu Wettbewerbsvorteilen führen können. Eine große Bedeutung kommt

2 Standortentscheidungen in Unternehmen

jenen Standortfaktoren zu, die von den Zielgruppen als sehr wichtig angesehen werden, die der Standort jedoch nur unzureichend bereitstellen kann bzw. bereitstellt (Position II, Abb. 16). Hier handelt es sich um Schwachstellen, die durch *Problemfaktoren* verursacht werden. Stärken eines Standortes, die von der Zielgruppe als nicht so bedeutend für das eigene Geschäft eingestuft werden, sind Luxus (Position III, Abb. 16). Diese *Luxusfaktoren* sind nicht dazu geeignet, Wettbewerbsvorteile zu erzielen, kosten aber unter Umständen knappe Ressourcen. Die letzte Position (Position IV, Abb. 16) umfasst solche Standortfaktoren, die einerseits in der betreffenden Region schwach ausgeprägt sind, andererseits aber auch als nicht sehr wichtig von den Nachfragern beurteilt werden. Diese *Peripherfaktoren* scheiden für eine Standortprofilierung aus.

☐ Praxis

Die in Abb. 17 dargestellte Situation für das Land Brandenburg zeigt, dass viele wichtige Standortanforderungen von diesem Land gut erfüllt werden. Nahezu einzig schlagen die Regelungsdichte und schwache Absatzmöglichkeiten negativ zu Buche.

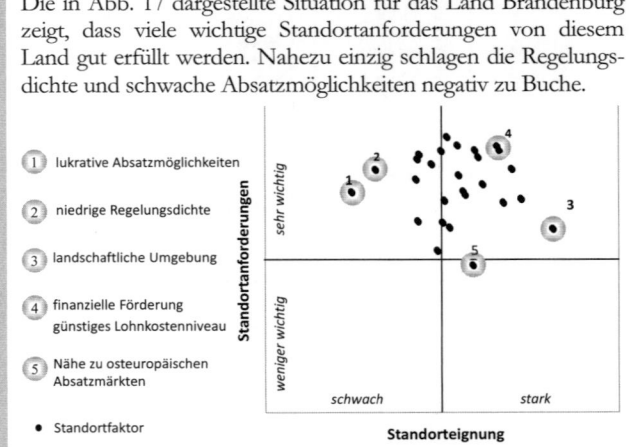

Abb. 17: Anforderungs-Eignungs-Matrix am Beispiel Brandenburg. (Daten: Befragung von 59 ansässigen Unternehmen in Brandenburg im Jahr 2005)

2.3 Der Standortentscheidungsprozess in Unternehmen

☐ **Praxis**

Eine gelungene Variante der Anforderungs-Eignungs-Matrix ist in einer Studie zur Attraktivität des *Wirtschaftsstandortes Südtirol* eingesetzt worden. Anstelle der Standorteignung wurde hier die Zufriedenheit mit einzelnen Standortfaktoren abgebildet (Promberger et al. 2008; vgl. Abb. 18). Danach stellen Verkehrsverbindungen, Infrastruktur, soziale Versorgung, Arbeitsmarkt und Sicherheit Attraktivitätsfaktoren und Höhe von Gebühren und Steuersätzen sowie Gewährung von Ermäßigungen Problemfaktoren für Südtirol dar.

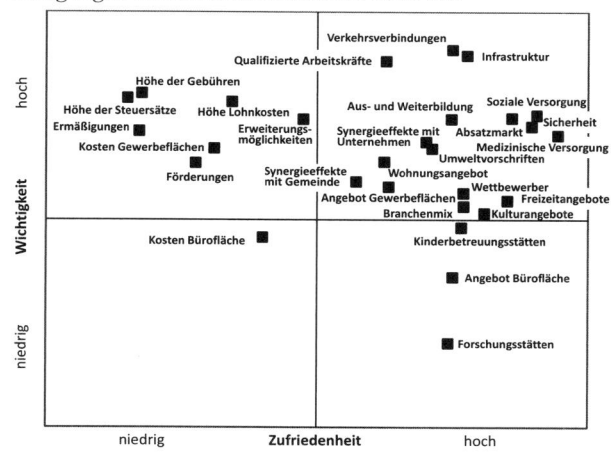

Abb. 18: Wichtigkeits-Zufriedenheits-Matrix für Südtirol (n=877 befragte Unternehmen)
Quelle: Promberger et al. 2008, S. 74

2.3.5 Methoden der Standortbewertung

Standortentscheidungen beziehen sich auf komplexe, wenig strukturierte Problemstellungen bei großer Unsicherheit. Für die Standortbewertung und -auswahl stehen verschiedene methodische Hilfsmittel zur Verfügung. Es existiert eine Reihe von Methoden und Verfahren, den Prozess der Standortsuche zu unterstützen, die sich in den Informationsanforderungen, Kosten und Aussagen unterscheiden. Als Beispiele sind hier zwei beliebte Verfahren der Grobanalyse kurz vorgestellt. In der Feinanalyse finden oft Investitionsrechenverfahren Anwendung.

- **Checklisten**

    Checklisten liefern einen für Branchen standardisierten und geprüften Katalog gewichteter Kriterien (Soll-Anforderungen), die mit den Merkmalen des zu bewertenden Standorts verglichen werden sollen. Soll beispielsweise das Länderrisiko bewertet werden, weil die Checkliste für ein bestimmtes Land darauf hinweist, so kann dazu das Länderrisikokonzept der BERI (*Business Environment Risk Intelligence;* ⏏ *www.beri.com*) verwendet werden. Dreimal im Jahr werden in 50 Ländern Risikoanalysen in drei Bereichen (*Political Risk Index, Operations Risk Index, and Remittance Transfer & Repatriation*) durchgeführt und zu einem Gesamtwert zusammengefasst.

- **Punktbewertungsmodelle**

    Zur Bewertung der Standorte anhand der jeweiligen Standortfaktoren können Punktbewertungsmodelle (*Scoringmodelle*; Nutzwertanalyse) eingesetzt werden. Danach erhält jeder geprüfte Standort einen Punktwert W in Abhängigkeit der Bewertung der jeweiligen Standortfaktoren. Dieser Punktwert errechnet sich aus der Summe der mit Punkten bewerteten, gewichteten G Standortmerkmale. Je höher der Punktwert, desto besser erfüllt ein Standort die geforderten Leistungen bzw. Eigenschaften. Nach dem im dargestellten Beispiel der Abb. 19 werden zwei Standorte (A & B) anhand von acht gewichteten Standortfaktoren mittels einer 10-Punkte-Skala bewertet. Dabei erhält Standort A die höhere Punktzahl und ist somit dem Standort B vorzuziehen.

Standortfaktoren		Standort A		Standort B	
	Gewicht	Wert	W × G	Wert	W × G
Betriebskosten	0.60	8	4.80	5	3.00
Arbeitsmarkt	0.10	5	0.50	7	0.70
Infrastruktur	0.05	4	0.20	3	0.15
Energieversorgung	0.02	9	0.18	8	0.16
Mentalität	0.05	7	0.35	9	0.45
Branchenbedeutung	0.03	5	0.15	4	0.12
Standortnähe	0.10	9	0.90	3	0.03
Warenumlauftempo	0.05	6	0.30	7	0.35
Summe	1.00		7.38		4.96

Abb. 19: Aufbau eines Punktbewertungsmodells am Beispiel kritischer Standortfaktoren für einen mitteleuropäischen Bekleidungshersteller
Quelle: in Anlehnung an Hinterhuber et al. 1994, S. 106

3 Managementkonzept für das Standortmarketing

3.1 Marketing als Managementkonzept

☐ **Merksatz**

> Marketing ist ein Konzept zur Führung einer Unternehmung, das darauf ausgerichtet ist, durch Schaffung eines einzigartigen Kundennutzens (Mehrwert) Wettbewerbsvorteile zu erzielen (Balderjahn/Specht 2011, S. 165).

Das erfordert, dass alle betrieblichen Funktionen an den Anforderungen der Märkte ausgerichtet werden. Insofern sind Kunden- und Wettbewerbsorientierung die zentralen Elemente des Marketing. Das auf Wachstumsmärkte fokussierte Transaktionsmarketing, das auf die Akquisition von Neukunden zielt, ist im Zuge zunehmender Marktsättigung um das Geschäftsbeziehungsmarketing (*Customer-Relationship-Marketing*) ergänzt worden, das darauf ausgerichtet ist, durch professionelles Geschäftsbeziehungsmanagement Kunden langfristig an das Unternehmen zu binden.

Marketing erfordert eine möglichst genaue Kenntnis des Marktes bzw. der Zielgruppen. Ein Markt umfasst alle tatsächlichen und potenziellen Nachfrager und Anbieter gegenseitig substituierbarer Güter sowie die jeweiligen Tausch-, Geschäfts- und Wettbewerbsbeziehungen zwischen den Marktakteuren zu bestimmten Zeiten und an festgelegten Orten. Das Kaufverhalten von Endverbrauchern (Konsumenten) wird im Kontext des *Business-to-Consumer Marketing* (B-to-C) und das zwischen Unternehmen im *Business-to-Business-Marketing* (B-to-B) analysiert. In seiner Funktion, den marktlichen Erfolg der Produkte und Dienstleistungen eines Unternehmens zu sichern, stehen dem Marketing als Instrumente die Produktpolitik (z.B. Produktgestaltung), die Preispolitik (z.B. Preisfestsetzung), die Kommunikationspolitik (z.B. Werbung) und die Distributionspolitik (z.B. Wahl der Absatzwege) zur Verfügung. Während die 1950er Jahre durch sogenannte *Verkäufermärkte* geprägt waren, die sich durch einen Nachfrageüberhang und Produktionsengpässe auszeichneten, haben wir es heute fast ausschließlich mit sogenannten *Käufermärkten* zu tun, auf denen wegen eines Angebotsüberhanges der Absatz zum zentralen Engpass geworden ist. Konzept, Prinzipien, Methoden und Instrumente des Marketing sind auf nicht-kommerzielle Organisationen (z.b. öffentliche Wirtschaftsfördergesellschaften) und auf das Standortmarketing übertragbar (Hammann 1995; Kotler et al. 1995; Manschwetus 1995; Spieß 1998). Der Standort kann sowohl als Investitionsgut (Angebot von Grundstücken) als auch als Dienstleistung (Angebot von Infrastruktur, Beratung) aufgefasst und vermarktet werden. Investitionsgütermarketing unterscheidet sich hauptsächlich dadurch vom Konsumgütermarketing, dass die Nachfrager Organisationen sind und nicht einzelne Personen als Letztkonsumenten (Backhaus/Voeth 2010). Der Standort kann in diesem Sinne als Investitionsgut aufgefasst werden, das „beschafft" wird, um ein Leistungsvermögen aufzubauen und um damit weitere Leistungen zu erstellen. Der Standort ist in der Regel keine standardisierbare Massenware (Ausnahme vielleicht der Tourismus), die einer großen Anzahl von anonymen Konsumenten angeboten werden kann. Vielmehr kommt es hier sehr stark auf die Gesprächs- und Verhandlungsführung der Standortanbieter an (interaktionsorientiert).

Das Standortmarketing weist ebenfalls starke Bezüge zum Dienstleistungsmarketing auf.

☐ Merksatz

Nach allgemeiner Auffassung sind Dienstleistungen intangibel bzw. immateriell und erfordern bei der Bereitstellung eine Beteiligung des Kunden (sog. Integration des externen Faktors).

Stadt- und Regionenmarketing hat die Besonderheiten des Dienstleistungsmarketing zu beachten (vgl. Meffert/Bruhn 2012, S. 28ff.). Insbesondere aus der Intangibilität, der „Nichtgreifbarkeit" von Dienstleistungen also, ergibt sich die besondere Notwendigkeit der Markierung von Standorten (Stauss 2001, S. 556). Aus dem Konsumgütermarketing entnehmen wir den Ansatz, den Standort als Qualitäts- bzw. Markenprodukt für ausgewählte Märkte bzw. Zielgruppen zu entwickeln, zu profilieren und zu positionieren. Das

Standortmarketing ist insofern durch Individualität (kein Massenmarketing), Immaterialität der Leistungen, Kundenkontakt und durch professionelles Coaching geprägt. Insofern ergibt sich Standortmarketing aus einer Kombination von Investitionsgüter-, Konsumgüter- und Dienstleistungsmarketing wie dem Professional Services auf B-to-B und B-to-C Märkten (Abb. 20).

Abb. 20: Einordnung des Standortmarketing in klassische Marketingkonzepte

3.2 Das Standortmanagement-Konzept

☐ **Merksatz**

Ein Standortmarketing-Konzept hat die Schaffung und das Angebot eines leistungsfähigen Standorts mit komparativen Wettbewerbsvorteilen zum Ziel.

Es umfasst Standortziele, Standortstrategien und Standortmaßnahmen. Dabei stellen sich dem Standortmarketing insbesondere drei zentrale Aufgaben:

- Bereitstellung von attraktiven Standortleistungen (Standortfaktoren) durch autonom agierende lokale Anbieter (*Standort als virtuelles Unternehmen*)
- Vernetzung und Koordination dezentral erbrachter regionaler Einzelleistungen zu einem wettbewerbsfähigen Leistungs- bzw. Standortprofil (*Standort als Leistungsbündel*)

- Aufbau und Institutionalisierung einer Trägerschaft (Organisation) regionaler Akteure für das Standortmarketing (*Standortmarketing als Institution*)

Voraussetzung zur erfolgreichen Bearbeitung dieser Aufgaben ist die Schaffung eines effizienten und effektiven Standortmanagements.

Professionelles Standortmanagement umfasst die Standortanalyse sowie die Planung, Organisation, Durchführung und Kontrolle von Strategien zur Vermarktung regionaler Standorte und zielt hauptsächlich auf die Stärkung der Marktposition des jeweiligen Standorts im internationalen Wettbewerb um attraktive Zielgruppen (vgl. Hammann 1995, S. 1167; Meffert 1989, S. 273). Standortmanagement muss als ein kooperatives Führungskonzept entwickelt und implementiert werden, das in der Lage ist, die standortspezifischen Kräfte zu mobilisieren und auf gemeinsame Ziele auszurichten und zu bündeln. Erforderlich ist eine kooperative Trägerschaft bzw. Organisationsform des lokalen Standortmarketing, die alle relevanten regionalen Akteure einschließt und genug Autorität besitzt, um für die Umsetzung einer Standortmarketing-Konzeption sorgen zu können (vgl. Hammann 1995, S. 1167). Ein allgemeingültiges, bewährtes und erprobtes Handlungs- bzw. Organisationskonzept, das die Vielzahl unterschiedlichster lokaler Akteure erfolgreich koordiniert und auf gemeinsame Ziele fixiert und lenkt, gibt es allerdings bis heute nicht.

Als konzeptionelle Grundlage der Entwicklung eines professionellen Standortmanagements bietet sich das *St. Galler Management-Konzept* an (Abb. 21). Dieser Ansatz unterscheidet zwischen der normativen, strategischen und operativen Managementebene. Darüber hinaus ist diesem Konzept eine Vision vorangestellt, die einen erstrebenswerten und motivierenden Zukunftszustand des Standorts umschreibt (vgl. Bleicher 1994, S. 35). Standorte brauchen Visionen, Vorstellungen also, wie der Standort in Zukunft aussehen soll.

☐ Merksatz

> Das normative Standortmanagement umfasst die Festlegung von Leitbildern und generellen Zielen zur regionalen Entwicklung, die geeignet sind, die Wettbewerbsfähigkeit eines Standorts zu sichern und zu verbessern.

3.2 Das Standortmanagement-Konzept

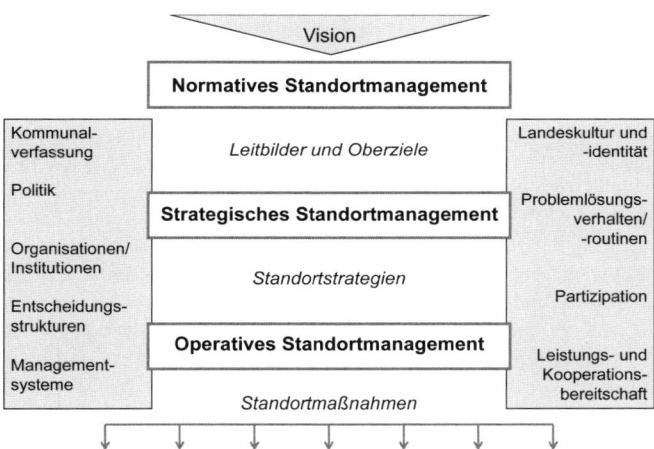

Abb. 21: Das St. Galler Management-Konzept übertragen auf das Management von Wirtschaftsstandorten
Quelle: in Anlehnung an Bleicher 1994, S. 45

Diese Leitbilder, Grundsätze und Oberziele werden unter Beachtung der Landes- und Kommunalverfassungen, der wirtschaftlichen und kulturellen Besonderheiten der Standortregion sowie in Hinblick auf die Bedürfnisse relevanter Akteure und Zielgruppen formuliert und als verbindlich schriftlich festgelegt. Leitbilder projizieren für den Standort einen Entwicklungspfad in die Zukunft, der den Weg vom gegenwärtigen Zustand in den Zielzustand angibt. Sie enthalten Aussagen über alle grundsätzlichen, allgemeingültigen, wünschenswerten und dennoch für erreichbar gehaltenen Vorstellungen über regionale Entwicklungen (z.B. Entwicklung eines Gesundheitsclusters in der Region). Kultur- und identitätskonforme Leitbilder einer Region ermöglichen eine Vernetzung unterschiedlicher Interessen und die Nutzbarmachung lokaler Ressourcen (Kenntnisse, Kreativität und Kompetenz). Im Standortmarketing kann ein breites Spektrum an Zielen angestrebt werden. Das Oberziel ist die Verbesserung bzw. Konsolidierung der Wettbewerbsposition (Marktstärke) des Standortes auf den verschiedenen Standortmärkten. Daraus lassen sich weitere, komplementäre

(Unter-)Ziele ableiten wie z.b. Aufbau innovativer Netzwerke und Technologien, Verbesserung der Kooperationsbereitschaft regionaler Akteure, Förderung von Wissenschaft und Forschung, Verbesserung der Wirtschaftsstruktur, Modernisierung der Verwaltung, Verbesserung von Bekanntheit und Image der Region, Schaffung von Identifikation u.a. (vgl. Lalli/Plöger 1991, S. 243; Lucas 1993; Meffert 1989, S. 275ff.).

☐ **Merksatz**

> Die Aufgaben des strategischen Standortmanagements sind der Aufbau und zielorientierte Einsatz regionaler Ressourcen (z.b. Infrastruktur, Humankapital, Absatzpotenzial, Image) sowie die Budgetierung der Projekte bzw. Maßnahmen.

Im Mittelpunkt dieser Konzeptphase steht die Ausarbeitung von Standortstrategien zur Erreichung mittel- bis langfristiger Ziele. Sie betreffen die Organisation, die Finanzierung, das Personal und natürlich auch das Marketing. Standortstrategien sind auf die Erreichung strategischer Ziele gerichtete Verhaltenspläne für einzelne Märkte bzw. Zielgruppen des Standortes. Sie geben die Rahmenbedingungen bzw. den Handlungskorridor für Aktionen, Projekte und Maßnahmen im operativen Bereich an. So erfordert z.b. die Profilierungsstrategie die Schaffung spezifischer, gut kommunizierbarer Standortvorteile. Häufig zielen Strategien im Standortmarketing auf die Profilierung und Positionierung einer Region im internationalen Standortwettbewerb. Sie können sich sowohl auf interne als auch auf externe Zielpersonen bzw. Organisationen richten (Hammann 1995, S. 1172). Der Erfolg eingeschlagener Strategien ist abhängig von der Organisationsstruktur des Standortmanagements und von der Problemlösungskompetenz der regionalen Akteure.

Zur Unterstützung der Strategien und damit zur Erreichung gesteckter Ziele müssen im Rahmen des operativen Standortmanagements geeignete Maßnahmen entwickelt werden. Die Maßnahmenplanung umfasst generell die Festlegung einzelner Aktionen zum Erreichen der Ziele der Region auf hohem Detaillierungsgrad. Maßnahmen sollten hinsichtlich der Elemente Zielgröße(n), Zielgruppe, Verantwortlichkeit, Zeitrahmen und Kosten präzisiert werden. Grundsätzlich stehen den regionalen Akteuren die Instrumente des Marketing, d.h. Produkt- bzw. Leistungspolitik, Kommunikations- und Preispolitik, zur Verfügung. Da es sich bei der Region um ein „ortsfestes Produkt" handelt, spielen Fragen der klassischen Distribution keine Rolle. Distribution muss hier im umgekehrten Sinne verstanden werden: Externen Standortnachfragern sollte ein möglichst barrierefreier Zugang zum Standort eröffnet werden (z.B. über eine Internetplattform). Mit dem Ziel, ein attraktives und konkurrenzfähiges Angebot offerieren zu können, muss sich die regionale Leistungspolitik an den Bedürfnissen, Forderungen und Erwartungen ihrer Zielgruppen orientieren. Bereiche der Leistungspolitik sind z.B. Infrastrukturleistungen, Waren- und Dienstleistungen, Wirtschaftsförderung, Wissenschaft und Forschung, kulturelle und touristische Angebote. Regionale Kommunikationspolitik richtet sich auf eine bewusste Beeinflussung von Präferenzen ausgewählter, attraktiver Zielgruppen unter Einsatz spezieller Kommunikationstechniken und Medien zur Erreichung regionaler Ziele. Neben den üblichen Massenkommunikationsmitteln (z.B. Anzeigen, Broschüren) sollten insbesondere persönliche und dialogische Kommunikationsinstrumente wie z.B. Messen, Tagungen, Investorenbörsen und die Internetpräsenz im Standortmarketing eingesetzt werden. Kommunikative Maßnahmen müssen aus dem umfassenden Standortmarketing-Konzept abgeleitet und auf dessen Ziele gerichtet werden. Auch die Preispolitik hat im regionalen Marketing-Mix eine nicht zu unterschätzende Bedeutung. Diese Maßnahmen beeinflussen stark die standortbedingten Kosten (z.B. Tarife, Mieten, Gewerbesteuerhebesatz).

3.3 Strategische Standortanalyse

In Anlehnung an dem St. Galler Managementmodell bietet es sich an, das Standortmanagement und die Entwicklung einer Marketingkonzeption in die in Abb. 22 dargestellten Phasen zu untergliedern.

Strategische Standortplanung und Standort-Geschäftsfelder

Die Entwicklung eines erfolgreichen Standortmarketing setzt eine professionell durchgeführte strategische Standortplanung voraus. Die strategische Standortplanung ermöglicht durch eine Identifikation potenzieller Handlungsoptionen sowie durch eine darauf ausgerichtete Festlegung von Strategien und Maßnahmen eine frühzeitige, chancen- und risikoorientierte Anpassung des Standortes an Herausforderungen zukünftiger Standortmärkte (vgl. Balderjahn/ Specht 2011, S. 113).

☐ Merksatz

> Standortplanung zielt zum einen auf eine systematisch angelegte und methodengestützte Antizipation von zukünftigen Anforderungen und Entwicklungspfaden von Standortmärkten zur Festlegung darauf zugeschnittener Handlungspläne (strategische Planung) und zum anderen auf die Bewertung solcher Ressourcen und Leistungspotenziale eines Standortes, die für den Erhalt der Wettbewerbsfähigkeit erforderlich sind und eingesetzt werden müssen (operative Planung).

Zudem geht es um die Planung von Aktivitäten zur Steuerung und Koordination des Standortmarketing mit Hilfe von Planvorgaben (operative Planung). Die operative Standortplanung umfasst standortinterne, für kurz- bzw. mittelfristige Zeiträume aufgestellte Vorgaben (Planziele) und Maßnahmen für alle Bereiche des Standorts (z.B. Bereitstellung von Gewerbeflächen, Akquisition von Unternehmen, Schaffung von Arbeitsplätzen), die in Teilplänen erfasst und in einer Gesamtplanung des Standortmanagements integriert werden.

Analog zur strategischen Unternehmensplanung ist es die Aufgabe der strategischen Standortplanung, zum einen die eigenen Standortpotenziale und -defizite zu erkennen und deren Relevanz im Standortwettbewerb einzuschätzen (interne strategische Analyse) und zum anderen wettbewerbsrelevante Anforderungen, Veränderungen und Entwicklungen von Standortmärkten und sonstigen Umfeld-bzw. Rahmenfaktoren zu erfassen (externe strategische Analyse) und bei der Formulierung von langfristig angelegten Standortstrategien zu berücksichtigen. Aufgaben in der strategischen Standortplanung beziehen sich hauptsächlich auf die Identifikation vielversprechender Standortmärkte bzw. Standortzielgruppen sowie auf die Durchführung strategischer Analysen zur Beschaffung notwendiger Markt- und Zielgruppendaten zur Bestimmung der aktuellen Marktposition des Standortes einerseits und Daten zur Einschätzung möglicher Entwicklungsverläufe des Standortes andererseits (Abb. 22).

3.3 Strategische Standortanalyse

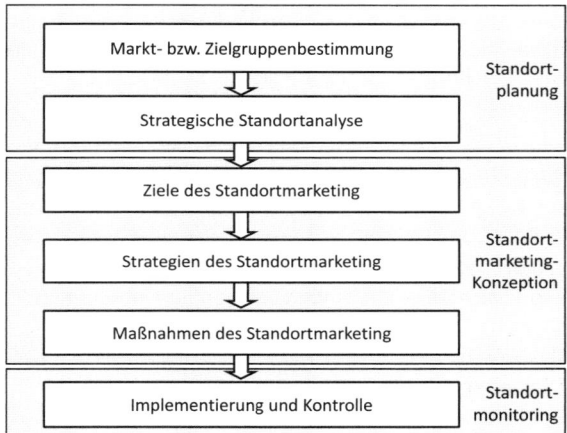

Abb. 22: Bereiche des Standortmanagements

Der erste Schritt der strategischen Standortplanung dient der operationalen Definition, Beschreibung und Abgrenzung strategischer Standort-Geschäftsfelder (*Strategic Place Units*) als kleinste Planungs- und Entscheidungseinheiten des Standortmanagements (z.B. bestimmte Branchenschwerpunkte/Cluster eines Standortes).

☐ **Merksatz**

Strategische Standort-Geschäftsfelder sind Marktsegmente, auf die sich das Standortmarketing fokussiert (Produkt-Markt-Kombinationen).

Standort-Geschäftsfelder entstehen aus der Kombination von spezifischen Standortleistungen (z.B. Forschungseinrichtungen und Universitäten) und Zielgruppen/Märkten (z.B. Wissenschaftler, wissensbasierte Branchen). Standort-Geschäftsfelder sollten so abgegrenzt bzw. definiert werden, dass

- mit den regionalen Leistungen des Standortes spezifische Zielgruppen angesprochen werden können (z.B. mit Startup-Programmen Existenzgründer erreichen) und

- sie von einem weitgehend eigenständigen Verantwortungs- und Aufgabenbereich im Standortmanagement bearbeitet werden können (Standort-Geschäftsbereich).

Strategische Standort-Geschäftsfelder können durch drei Dimensionen definiert und von anderen Geschäftsfeldern abgegrenzt werden:

- Welche Zielgruppe soll angesprochen werden (*Customer Groups,* z.b. Existenzgründer, Kreative, Führungskräfte und Talente)?
- Welche Leistungen können der Zielgruppe wettbewerbsfähig angeboten werden (*Customer Functions,* z.b. hoch qualifizierte Arbeitsplätze, städtische Kreativräume, Startup-Förderung)?
- Mit welchen „Technologien" können die Leistungen angeboten bzw. ausgestattet werden (*Customer Technologies*; z.b. Arbeitsplätze auf Internetplattformen, Multimedia-Infrastruktur)?

Übersicht der Aufgaben der Standortanalyse

Die Entwicklung standortbezogener Marketingstrategien setzt eine systematisch durchgeführte strategische Standortanalyse und -planung voraus.

☐ **Merksatz**

Ausgangspunkt der Standortanalyse ist die Erfassung der derzeitigen und zukünftigen Situation eines Standortes, die sich insbesondere aus den standortinternen und -externen Bedingungen ableiten lässt.

Diese Analyse bildet die Grundlage für die Entwicklung längerfristiger Konzepte wie auch für kurzfristige Anpassungen eines Standortes an die Herausforderungen von Märkten. Aufgabe ist es zu diagnostizieren, welche Position der Standort im Wettbewerbsumfeld einzelner Standortmärkte innehat. Ziel dieser Standortanalyse ist insofern die Bestimmung der Ist-Position eines Standortes auf einzelnen Standortmärkten (z.B. führender Standort für Biotechnologieunternehmen).

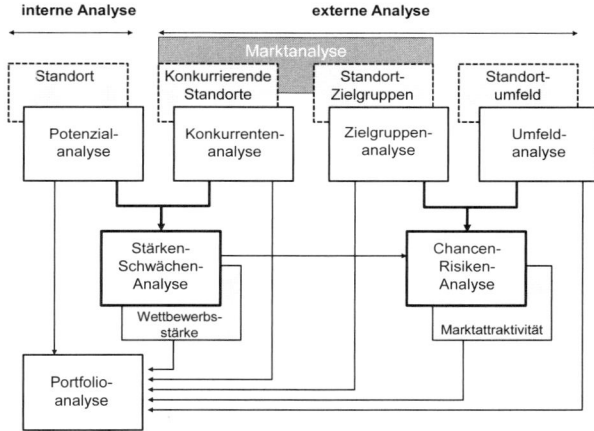

Abb. 23: Bereiche und Arten der strategischen Standortanalyse
Quelle: in Anlehnung an Nieschlag et al. 1994, S. 878

Die Standortanalyse (wird auch als *Place-Audit* oder Standortprüfung bezeichnet; vgl. Kotler et al. 1995, S. 97ff.) bildet die Grundlage für die Entwicklung eines strategischen Standortmarketing-Konzepts. Sie umfasst eine externe (Konkurrenz-, Markt- und Umfeldanalyse) und eine interne Analyse (Standortpotenzialanalyse; Abb. 23). Aufgabe der *internen Standortanalyse* ist es, die jeweiligen relativen, d.h. im Vergleich zu den stärksten Konkurrenten bewerteten, Stärken und Schwächen des Standortes zu identifizieren, um daraus zum einen die aktuelle Markt- bzw. Wettbewerbsstärke bestimmen und zum anderen, um abschätzen zu können, ob der Standort zukünftige Chancen erfolgreich ergreifen und möglichen Risiken schadlos begegnen kann (auch Scheuch 2003, S. 54). Der Bewertungsvergleich sollte in Rahmen eines Benchmarking durchgeführt werden. *Benchmarking* bezeichnet den direkten Leistungsvergleich zwischen dem Standort bzw. seinen Standort-Geschäftsfeldern den mit *Best Practices* konkurrierender Standorte anhand sog. Benchmarks. Benchmarks stellen die Maßstäbe des Vergleichs dar. Benchmarking dient dem Leistungsvergleich und der kontinuierlichen Verbesserung der Leistungsfähigkeit eines Standortes. Hierbei geht es insbesondere um eine kritische Überprüfung der Standortressourcen einerseits und der Professionalität des Standortmanagements andererseits, dem Standort auch zukünftig Wettbewerbsvorteile zu verschaffen.

Aufgabe der *externen Standortanalyse* ist es, die Chancen und Risiken auf den Standortmärkten sowie im gesellschaftlichen, technologischen und ökologischen Umfeld zu ermitteln. Die externe Standortanalyse umfasst die Konkurrenzanalyse, die Zielgruppenanalyse und die Umfeldanalyse.

3.4 Methoden der Standortanalyse

3.4.1 Stärken-Schwächen-Analyse

Standortpotenzialanalyse

☐ **Merksatz**

> Aufgabe der Standortpotenzialanalyse (interne Standortanalyse) ist die Identifikation von wettbewerbsrelevanten Ressourcen sowie die Bewertung von grundlegenden Stärken und Schwächen des Standortes hinsichtlich des Leistungsangebots (z.B. Infrastruktureinrichtungen, Dauer von Genehmigungsverfahren, Standortimage) und des Standortmanagements (z.B. Professionalität der Wirtschaftsförderung).

Im Rahmen von Stärken-Schwächen-Analysen wird sowohl die Position des Standortes auf strategisch bedeutsame Leistungs- bzw. Entscheidungskriterien (interne Analyse) als auch die Position konkurrierender Standorte (externe Analyse) bewertet und durch so genannte Stärken-Schwächen-Profile grafisch dargestellt (Abb. 24; vgl. Balderjahn 2000, S. 81).

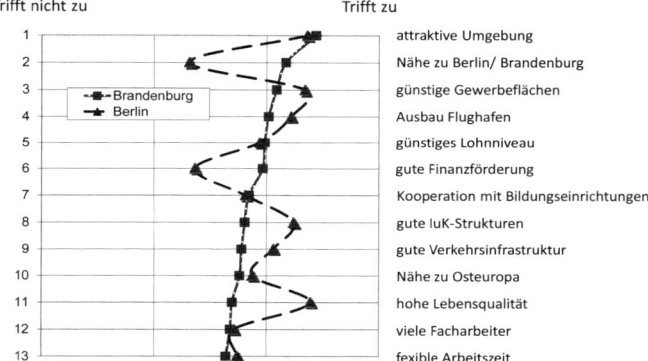

Abb. 24: Relatives Stärken-Schwächen-Profil Brandenburg vs. Berlin aus Sicht in Brandenburg bzw. Berlin ansässiger Unternehmen (Daten: Befragung von 59 in Brandenburg und 35 in Berlin ansässigen Unternehmen im Jahr 2005)

Zu berücksichtigen ist insbesondere die Wettbewerbsstärke eines Standortes, die sich einerseits aus der Leistungsqualität des Standortes selbst ergibt (z.B. topografische Gegebenheiten, Angebot an Forschungseinrichtungen etc.) und andererseits aus der Fähigkeit der regionalen Akteure, den Standort erfolgreich zu entwickeln und zu vermarkten. Wettbewerbsrelevant werden Leistungen eines Standorts aber nur dann, wenn diese besser, d.h. mit einem höheren Kundennutzen ausgestattet sind als vergleichbare Leistungen der Konkurrenzstandorte. Im Wettbewerb kommt es also immer darauf an, besser zu sein als die Konkurrenten. Ein Wettbewerbsvorteil ist nur dann zu erzielen, wenn das Leistungsangebot des Standortes aus Sicht der Nachfrager besser ist als das der anderen Standortanbieter. Zudem muss dieser Vorteil sich auf Merkmale beziehen, die für die Nachfrager entscheidungsrelevant sind, der Vorteil muss von den Nachfragern auch wahrgenommen bzw. erkannt werden und er darf nicht in kurzer Zeit von der Konkurrenz eingeholt werden können.

Anhand der Standortpotenzialanalyse kann die Wettbewerbsfähigkeit eines Standorts auf bestimmten Märkten oder für bestimmte Zielgruppen beurteilt und zur Gestaltung des Standortmarketing genutzt werden. Darauf aufbauend können standortgeeignete Branchen (Schlüsselbranchen) bzw. Branchen-Cluster, für die ein besonderes, standortspezifisches Entwicklungspotenzial erwartet wird, identifiziert und gezielt angesprochen werden (Manschwetus 1995, S. 225; Meffert 1989, S. 276; Porter 1998). Wettbewerbsfähige Bereiche sollten gestärkt und ausgebaut werden (Stärken stärken!) und schwache Bereiche sind, falls möglich, neu auszurichten oder abzubauen. So kann es sinnvoll sein, dass sich das Standortmarketing in Abhängigkeit der Größe des Standorts nur auf einige wenige Branchen, Zielgruppen oder Cluster fokussiert. Die Potenzialanalyse mündet in der Beschreibung identifizierter relativer, also im Vergleich mit der Konkurrenz bewerteter, Stärken und Schwächen des Standortes. Das Ergebnis wird häufig als Stärken-Schwächen-Profil dargestellt. Diese Profildarstellung liefert einen guten Überblick über die Analyseergebnisse.

☐ **Praxis**

Die Abb. 24 zeigt am Beispiel Brandenburg im Vergleich zum Konkurrenzstandort Berlin ein Stärken-Schwächen-Profil aus dem Jahr 2005. Die Nähe zu Berlin ist für die Brandenburger Unternehmen wichtiger als für die Berliner die Nähe zu Brandenburg. Die finanzielle Förderung wird in Brandenburg besser eingeschätzt als in Berlin. Dagegen punktet Berlin insbesondere bei der IuK-Infrastruktur und bei der Lebensqualität.

Konkurrenzanalyse

☐ **Merksatz**

Grundlegende Fragestellungen der Konkurrenzanalyse richten sich auf die von den Konkurrenzstandorten verfolgten Ziele, deren Wettbewerbsvorteile bzw. deren Wettbewerbsstärken, die Ressourcen und Fähigkeiten der Konkurrenzstandorte sowie auf die geplanten und verfolgten Strategien der Standortvermarktung (vgl. Müller-Stewens/Lechner 2011, S. 181).

Die Konkurrenzanalyse wird in Verbindung mit der internen Stärken-Schwächen-Analyse des Standortes durchgeführt. Im ersten Schritt der Konkurrenzanalyse geht es darum zu erkennen, in welchen Märkten bzw. bei welchen Zielgruppen der Standort mit welchen Konkurrenzstandorten im Wettbewerb steht. Im zweiten Schritt geht es im Grundsatz um eine systematische Sammlung und Bewertung möglichst umfassender Informationen über die wichtigsten aktuellen Konkurrenten im Standortwettbewerb, getrennt nach den relevanten Märkten bzw. Zielgruppen (z.B. Investoren in unterschiedlichen Branchen, Fach- und Führungskräfte, Großveranstaltungen). Diese Analyse zielt auf die Einschätzung von vorhandenen Konkurrenzstandorten hinsichtlich ihrer Stärken und Schwächen. Neben einer Bewertung der eigenen Leistungen am Standort müssen also auch immer vergleichbare Leistungen von konkurrierenden Standorten in die Analyse als Vergleichsgrößen (Benchmarks) einbezogen werden. Im *Benchmark-Prozess* vergleichen sich Standorte mit den besten Standorten (*Best Practises*) in den jeweiligen Märkten und messen sich an ihnen. Benchmarking bezeichnet auf Standorte bezogen den direkten Leistungsvergleich zwischen Standorten bzw. Standortbereichen anhand sog. Benchmarks (Leistungsstandards, -maßstäbe). Es dient dem Vergleich und der kontinuierlichen Verbesserung der Leistungsfähigkeit eines Standortes. So sind Erfolge z.B. bei der Verkürzung von Genehmigungsverfahren im Standortwettbewerb nahezu irrelevant, wenn es bei der Konkurrenz weiterhin schneller geht.

Neben der Erfassung der Stärken und Schwächen von Konkurrenzstandorten geht es im dritten Schritt der Konkurrenzanalyse darum, die gegenwärtigen und zukünftigen Ziele, Absichten und strategischen Optionen der aktuellen Konkurrenten zu erkennen bzw. einschätzen zu können. In einem weiteren vierten Schritt sollte versucht werden, potenzielle Standortkonkurrenten, also solche Standorte, die aktuell keine Konkurrenz darstellen, in Zukunft aber in diese Position hineinwachsen könnten, zu identifizieren und einem dann folgenden Monitoring-Prozess zu unterwerfen. Im Ergebnis soll die Konkurrenzanalyse eine Einschätzung der bestehenden Konkurrenzbeziehungen, insbesondere eine Erklärung und Prognose des Verhaltens bzw. der Strategien der wichtigsten Konkurrenten, liefern. Abschließend ist eine Einschätzung über die jeweilige Position eines Konkurrenzstandortes im Markt und im Vergleich zum eignen Standort abzugeben.

Imageanalyse

Ein wichtiger Spezialbereich der Potenzial- und der Konkurrenzanalyse ist die Imageanalyse. Das Standortimage steht oft im Mittelpunkt der Potenzial- und Konkurrenzanalyse.

☐ **Merksatz**

> Das Standortimage ist das Gesamtbild, das sich jemand von einem Standort macht.

Images werden oft als mehrdimensionale, auf mehreren Eindrücken basierende Einstellungen definiert (Kroeber-Riel/Gröppel-Klein 2013, S. 233). Einstellungen sind erlernte und relativ dauerhafte Vorstellungen und Bewertungen des Menschen zu bestimmten Objekten (z.B. Produkte, Personen, Standorte), die das Verhalten leiten. Images sind deshalb auch nicht nur kognitiv (rational), sondern häufig auch gefühlsmäßig, erlebnis- und wertbezogen bestimmt (Trommsdorff/Teichert 2011, S. 134). Zur Einstellung unterscheidet sich ein Image insbesondere darin, dass es aus eher gefühlsbetonten, schematisierten, intuitiven und wertenden Eindrücken zum Imageobjekt besteht und weniger auf Wissen und Informationen begründet ist (vgl. auch Schweiger/Schrattenecker 2013, S. 27f.). Besser als der Rückgriff auf Einstellungen ist es, das Standortimage als die in einer Zielgruppe vorhandene, interpersonal stereotypisierte Vorstellung von einem Standort zu definieren (vgl. Balderjahn/Scholderer 2007, S. 91ff.). In diesem Sinne hat ein Standort ein Image, das die in einer sozialen Gemeinschaft geteilten Vorstellungen zu diesem Standort zum Ausdruck bringt. Es ist ein stereotypisiertes Gesamtbild, das einem Standort „anhaftet".

Häufig wird angenommen, dass das Image eine Schlüsselrolle in der Standortwahl einnimmt. Imageanalysen stellen zudem oftmals die Basis eines Standortmarketing-Konzepts dar (Balderjahn/Mennicken 1994; Wimmer/Korndörfer 1995; Wimmer/Zerr 1995). Insbesondere bei externen Unternehmen spielen der Bekanntheitsgrad und das Image einer Region als sog. „pull-Faktor" eine entscheidende Rolle im Standortwettbewerb (Grabow et al. 1995, S. 142).

☐ **Praxis**

> In einer Studie der *Gesellschaft für Konsumforschung* (GfK) von 2013 zum Image der weltweit 50 Metropolen belegt Berlin nur den 11. Rang. London, Sydney und Paris sind die drei weltweit beliebtesten Städte der Welt. Nur Deutsche und Russen finden Berlin sehr attraktiv. Bei den US-Amerikanern ist die Bewertung von Berlin am negativsten (GfK 2013). Positive Bewertungen erhält Berlin in den Bereichen Wissenschaft, Kultur und Politik sowie Sicherheit. Bei der Freundlichkeit liegt die Stadt aber abgeschlagen auf Platz 34 (GfK 2013).

Das Image eines Standortes lässt sich durch die mit dem Standort verbundenen Assoziationen (z.B. dynamisch, schön) messen.

☐ **Praxis**

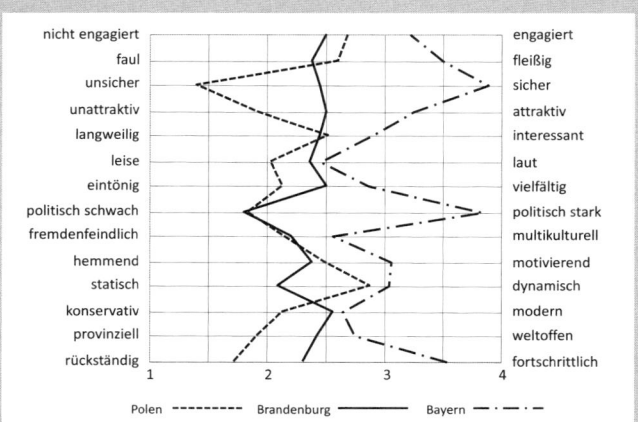

Abb. 25: Imageprofil Brandenburgs im Vergleich zu Bayern und Polen (Daten: Befragung von 39 in Brandenburg ansässigen Unternehmen im Jahr 2005)

Abb. 25 zeigt, wie die einzelnen Imagemerkmale von in Brandenburg ansässigen Unternehmen für Brandenburg (Selbstimage), Bayern und Polen (Fremdimage) wahrgenommen werden. Während z.B. Bandenburg im Vergleich zu Polen als deutlich sicherer eingeschätzt wird (relative Stärke), fällt der Vergleich diesbezüglich mit Bayern negativ aus (relative Schwäche). Im Vergleich zu Polen und Bayern wird Brandenburg als statisch wahrgenommen. Bayern hat insgesamt das beste Image von den drei verglichenen Standorten. Da sich Wettbewerbsvorteile nur dann einstellen, wenn ein Standort ein besseres Angebot macht als andere, müssen die in der Standortpotenzialanalyse ermittelten Stärken und Schwächen mit denen der wichtigsten Konkurrenten verglichen und relativiert werden.

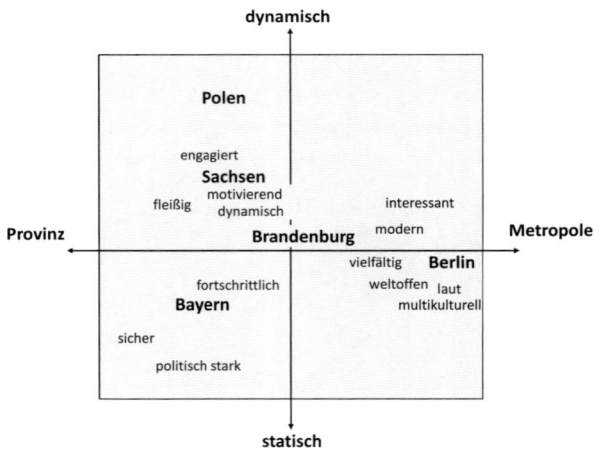

Abb. 26: Image-Positionen für Berlin, Brandenburg, Bayern und Polen (Daten: Befragung von 39 in Brandenburg ansässigen Unternehmen im Jahr 2005)

Auf der Basis der in Abb. 25 dargestellten Ergebnisse der Imageprofile von Brandenburg, Bayern und Polen (sowie nicht dargestellt von Berlin) können die jeweiligen Imagepositionen dieser Länder im Vergleich zueinander mit Hilfe einer Korrespondenzanalyse berechnet werden (vgl. Abb. 26).

> Die grundlegenden Image-Dimensionen in Abb. 26 sind der Entwicklungscharakter (provinziell vs. großstädtisch) und die Entwicklungsdynamik (statisch vs. dynamisch). Darüber hinaus kann der Abb. 26 entnommen werden, mit welchen Merkmalen ein Land assoziiert wird. Brandenburg liegt nahezu im Zentrum des Koordinatenkreuzes, d.h., mit diesem Land wird nahezu kein spezifisches Image verbunden. Alle anderen Länder weisen ein sehr spezifisches, von den anderen unterscheidbares Profil auf.

Es kann hilfreich sein, Konkurrenten in strategische Gruppen einzuteilen, die ähnliche Merkmale bzw. Strategien aufweisen (z.B. ein ähnliches Standortprofil oder ein ähnliches Marketingkonzept). Eine „Strategische Standortgruppe" ist eine Anzahl von Standortanbietern, die innerhalb eines Standortmarktes bzw. bei derselben Zielgruppe die gleiche oder eine ähnliche Strategie verfolgen (z.B. Standorte, die Unternehmensgründungen fördern).

3.4.2 Chancen-Risiken-Analyse

Basis der Chancen-Risiken-Analyse bilden die Stärken-Schwächen-Analyse, die Zielgruppenanalyse und die Umfeldanalyse. Sowohl aus Entwicklungen von Standortmärkten bzw. bei Zielgruppen als auch aus Veränderungen von Umfeldfaktoren können für die Standortvermarktung Chancen (z.B. Chancen eines internationalen Flughafens) als auch Risiken (z.B. Risiken aus Gesetzesvorhaben) erwachsen. Um Chancen ergreifen und Risiken möglichst gering halten bzw. vermeiden zu können, ist eine systematische Analyse der Chancen- und Risikopotenziale für den Standort zwingend erforderlich.

☐ **Merksatz**

> Die Chancen-Risiken-Analyse zielt auf ein möglichst frühzeitiges Erkennen von Chancen und Risiken im Standortwettbewerb, die sich aus Markt- und Umfeldentwicklungen ergeben können (Frühaufklärungsanalyse).

Chancen ergeben sich aus Entwicklungen, die dem Standort einen Wettbewerbsvorteil zukommen lassen könnten. Im Rahmen einer

Impact-Analyse müssen sie auf ihre Wirkung (Chancenpotenzial) und auf ihre Eintrittswahrscheinlichkeit hin analysiert und eingeschätzt werden. Die Wahrscheinlichkeit dafür, dass ein Standortmanagement mit Erfolg auf eine sich ihm bietende Chance reagiert, ist von dessen eigenen Fähigkeiten, den Ressourcen sowie von den Marktbedingungen und den Stärken der Konkurrenz abhängig. Risiken ergeben sich aus potenziell ungünstigen Markt- und Umfeldentwicklungen, die den Standort treffen können. Zur Bewertung solcher ungünstigen Trends werden das Gefahrenpotenzial und die Eintrittswahrscheinlichkeit im Rahmen einer *Vulnerability Analyse* abgeschätzt. Das Ergebnis einer Chancen-Risiken-Analyse sind fundierte Aussagen über die Attraktivität von Standortmärkten.

Die Zielgruppenanalyse

Um zukünftige Entwicklungen erkennen und zielorientiert darauf reagieren zu können, ist eine genaue Analyse der Standortmärkte bzw. der Zielgruppen unbedingt erforderlich.

☐ Merksatz

> Im Rahmen der Zielgruppenanalyse geht es vordringlich um das Erkennen und Bewerten von Nachfragersegmenten (Standortmärkten).

Insbesondere geht es um die Erfassung der Bedürfnisse, Erwartungen, Präferenzen und Verhaltensweisen von Standortnachfragern.

Die Zielgruppenanalyse umfasst u.a. die folgenden Aufgaben:

- Erfassung der Bekanntheit, des Images und der Reputation des Standortes innerhalb der Zielgruppe.
- Identifikation von Bedürfnissen innerhalb der Zielgruppe sowie von Erwartungen und Forderungen hinsichtlich standortspezifischer Leistungen.
- Identifikation und Analyse des Entscheidungsverhaltens von Zielgruppen.
- Erfassung der subjektiven Einschätzung von Zielgruppen hinsichtlich der Fähigkeit des Standortes, gestellte Anforderungen bzw. Erwartungen zu erfüllen (Einstellungen und Überzeugungen zum Standort).

- Analyse der Marktattraktivität des Standortes für externe Zielgruppen.
- Messung der Zufriedenheit innerhalb (interner) Zielgruppen mit den Angeboten des Standortes und Messung der sich daraus ergebenen Standortloyalität bzw. -treue.
- Kalkulation bzw. Abschätzung der Relevanz bzw. erwarteten Profitabilität (z.B. ABC- oder Kundenwertanalysen) von Zielgruppen. Die zielgruppenspezifische Profitabilitätsanalyse dient insbesondere dem Zweck, die Attraktivität von Zielgruppen bzw. Märkten für den Standort quantifizieren zu können (vgl. auch Homburg 2012, S. 482).

Ein wichtiger Analyseschritt ist die Beurteilung der Attraktivität einzelner Zielgruppen für den Standort (vgl. auch Abb. 31). Märkte sind umso attraktiver, je besser Standortziele durch die jeweilige Marktbearbeitung erreicht werden. Das häufigste (Ober-)Ziel des Standortmarketing ist die Schaffung von Arbeitsplätzen für die Region. Damit sind solche Zielgruppen bzw. Märkte attraktiv, die viele Arbeitsplätze für die Region schaffen bzw. gefährdete Arbeitsplätze sichern. Darüber hinaus sind Märkte umso attraktiver, je besser sie in das gegebene Profil eines Standorts passen. Nur für attraktive Zielgruppen macht es einen Sinn, Ressourcen in die Akquisition zu stecken. Attraktive Zielgruppen sind profitable Zielgruppen.

Bei attraktiven Zielgruppen muss der Standort ebenfalls als attraktiv wahrgenommen werden. Die Attraktivität eines Standortes für (externe) Zielgruppen ergibt sich aus dem Grad, zu dem gestellte Anforderungen an den Standort aus Sicht der Zielgruppen vom Standort erfüllt werden können (Abb. 27).

3 Managementkonzept für das Standortmarketing

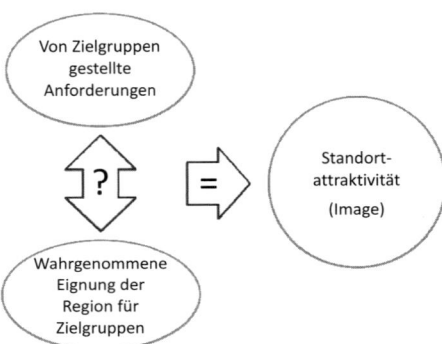

Abb. 27: Bestimmungsgründe der Attraktivität einer Region für *externe* Zielgruppen (z.B. Fachkräfte)

Für die Analyse umfasst das zwei Aspekte: Zum einen muss das Standortmarketing Kenntnis darüber erlangen, welche Anforderungen bestimmte, relevante Zielgruppen an den Standort stellen (z.b. günstige Steuersätze). Zum anderen muss bekannt sein, wie der Standort von den Zielgruppen hinsichtlich dieser Anforderungen wahrgenommen wird. Hierbei handelt es sich bei den Zielgruppen immer um eine subjektive Einschätzung (Fremdsicht), die nur locker mit dem tatsächlichen Leistungsvermögen des Standortes verzahnt sein muss. Werden zentrale Anforderungen der Zielgruppen nicht erfüllt, so muss der Standort hier nachbessern. Im Fall, dass Anforderungen zwar erfüllt werden könnten, die Zielgruppen das allerdings anders einschätzen (Negativimage), muss auf der Basis der Kommunikation eine Veränderung dieser Situation versucht werden.

Für *interne* Zielgruppen ist die Zufriedenheit mit dem Standort der wichtigste Indikator für Standortattraktivität.

☐ Merksatz

> Die Zufriedenheit mit dem Standort (Standortzufriedenheit) ergibt sich aus dem Grad, zu dem die Erwartungen der Zielgruppen am Standort erfüllt werden (Abb. 28).

Theoretische Grundlage der Zufriedenheitsforschung ist das *Confirmation/Disconfirmation-Paradigm* (C/D-Paradigma). Danach ist ein Standortnachfrager mit dem gewählten Standort zufrieden, wenn seine Erwartungen, die zur Wahl des Standortes führten, von dem Standort erfüllt oder mehr als erfüllt werden (*Confirmation*). Unzufriedenheit stellt sich bei Nichterfüllung der Erwartungen ein (*Disconfirmation*; vgl. auch Meffert/Bruhn 2012, S. 200). Die Leistungserwartung im Prozess der Standortauswahl wird bestimmt von den spezifischen Bedürfnissen und Erfahrungen der Nachfrager mit Standorten sowie von den Informationen, die über den Standort vorliegen.

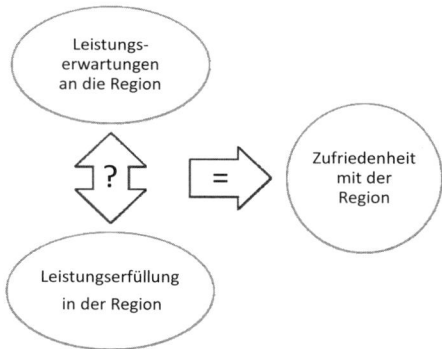

Abb. 28: Bestimmungsgründe der Zufriedenheit *interner* Zielgruppen mit der Region

Zur Messung der Zufriedenheit mit dem Standort kann der SERVQUAL-Ansatz gewählt werden (Meffert/Bruhn 2012, S. 202ff.). Zwar konzentriert sich dieser Ansatz auf die Messung der Dienstleistungsqualität, kann aber wegen der direkten Wirkung des Qualitätsurteils auf die Zufriedenheit auch zur Messung der Zufriedenheit herangezogen werden. Da zudem ein Großteil dessen, was ein Standort und das Standortmanagement anbieten, Dienstleistungen sind, eignet sich dieser Ansatz auch hervorragend für den Zweck der Messung der Dienstleistungszufriedenheit. Der SERVQUAL-Ansatz unterstellt fünf zentrale Qualitätsdimensionen, d.h. Annehmlichkeit des tangiblen Umfelds (Umgebung), Verlässlichkeit,

Reaktionsfähigkeit, Leistungskompetenz und Einfühlungsvermögen, die zum Teil noch weiter ausdifferenziert werden (vgl. Abb. 29). Für jede einzelne Qualitätsdimension wird für die Erwartungen (Soll) der Grad der Leistungserfüllung (Ist) gemessen.

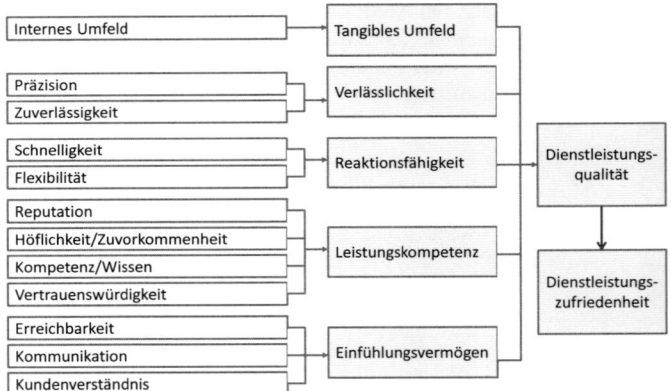

Abb. 29: Messung der Zufriedenheit nach dem SERVQUAL-Ansatz

Analyse des Standortumfeldes

Die *Standort-Umfeldanalyse* erstreckt sich einerseits auf eine Analyse der Rahmenbedingungen bzw. -faktoren am Standort und andererseits auf eine Identifikation und Bewertung von relevanten Anspruchsgruppen des Standortes. Rahmenfaktoren sind die standortspezifischen politischen (z.B. wirtschaftspolitische Fördergrundsätze), rechtlichen (z.B. Genehmigungspraktiken), sozialen (z.B. Kriminalität), technischen (z.B. Vorhandensein technischer Infrastruktur), kulturellen (z.B. kulturelles Angebot) und natürlichen (z.B. Umweltqualität) Bedingungen am Standort, die für die Standortvermarktung entscheidend sind. Die Umfeldanalyse zielt auf einen möglichst umfassenden Überblick über die relevanten Rahmenfaktoren und deren Bedeutung im Standortwettbewerb. Dazu gehören u.a. die Bereiche Technologie (z. B. technologische Infrastrukturausstattung), Politik und Recht (z.B. Steuergesetzgebung,

Arbeits- und Tarifrecht), Gesellschaft (Bevölkerungsentwicklung, demographischer Wandel, Bildungsniveau), Wirtschaft (z.B. Marktgröße, Kaufkraft, Branchen- und Kompetenzbereiche) und Umwelt (z.B. Verfügbarkeit an Rohstoffen, Umweltschutz, Lebensqualität). Veränderungen in den Rahmenfaktoren (Makro-Umwelt des Standortes) stellen die Anpassungsfähigkeit des Standortes auf die Probe. Anzuraten sind hier Frühaufklärungssysteme, um rechtzeitig Risiken entgegenzuwirken und Chancen nutzen zu können, die sich aus der Veränderung der Makro-Umwelt ergeben.

☐ Merksatz

> Anspruchsgruppen *(Stakeholder)* sind Gruppen bzw. Akteure, die Anforderungen gegenüber Standorten formulieren und oftmals von den Bedingungen am Standort unmittelbar betroffen sind.

Aktivitäten von Anspruchsgruppen können für einen Standort erfolgsrelevant sein. Standorte stehen also mit mehreren, internen und externen, Anspruchsgruppen in mehr oder weniger engen Beziehungen, die vom Standortmanagement aus zielorientiert gestaltet werden müssen (*Stakeholder Management*). Interne Standort-Anspruchsgruppen sind u.a. Bürgerinnen und Bürger (Forderungen z.B. nach bezahlbarem Wohnraum), ansässige Unternehmen (Forderungen z.B. nach geringen Gewerbesteuersätzen), Wirtschaftskammern und -verbände (Forderungen z.B. nach Schutz der heimischen Wirtschaft) und die Kommune (z.B. Forderungen nach Arbeitsplätzen; vgl. auch Müller-Stewens/Lechner 2011, S. 165). Die Anspruchsgruppenanalyse umfasst die Aufgaben der Identifikation relevanter Anspruchsgruppen, die Feststellung der Forderungen, eine Analyse der Machtmittel von Anspruchsgruppen, ihre Forderungen durchsetzen zu können, sowie Einschätzungen, welche Möglichkeiten der Standort hat, die Beziehungen zu den jeweiligen Anspruchsgruppen zielorientiert zu gestalten.

3.4.3 Standortspezifische SWOT- und Portfolioanalyse

Standort-SWOT-Analyse

Eine Zusammenfassung der Ergebnisse der drei externen Analysebereiche, Konkurrenzanalyse, Zielgruppenanalyse und Umfeldanalyse, lässt Schlussfolgerungen über die Attraktivität im Sinne einer Chancen-Risiken-Einschätzung von einzelnen Standortmärkten zu. Die Ergebnisse der Stärken-Schwächen-Analyse und der Chancen-Risiken-Analyse werden in der nächsten Analysephase zu einer SWOT-Analyse (*Strengths, Weaknesses, Opportunities, Threats*) zusammengeführt. Während die Stärken-Schwächen-Analyse im Ergebnis eine Aussage zur Wettbewerbsstärke eines Standortes macht, richtet sich die Chancen-Risiken-Analyse auf von den Standortakteuren nicht beeinflussbare Entwicklungen und Strukturen (Daten, Rahmenfaktoren) auf relevanten Standortmärkten, die die Attraktivität dieser Märkte bestimmen. Chancen weisen auf Marktentwicklungen hin, bei welchen dem Standort ein Wettbewerbsvorteil zukommen könnte. Marktchancen (Gelegenheiten) müssen sowohl auf ihre Attraktivität als auch auf ihre Eintritts- bzw. Erfolgswahrscheinlichkeit hin analysiert und eingeschätzt werden. Die Wahrscheinlichkeit dafür, dass ein Standort mit Erfolg auf eine sich ihm bietende Chance reagiert, ist einerseits von der Kompetenz (Standortstärken) und andererseits von den Markterfordernissen sowie den Stärken der Konkurrenz abhängig.

Risiken stellen ungünstige Marktentwicklungen für einen Standort dar, gegen die Abwehrmaßnahmen ergriffen werden müssen. Zur Bewertung von Risiken (Bedrohungen) werden das Gefahren- bzw. Schadenspotenzial sowie die Eintrittswahrscheinlichkeit des Risikos geschätzt. Aus dem Gesamtbild aller Chancen und Risiken ergibt sich, wie attraktiv ein bestimmter Markt bzw. eine bestimmte Zielgruppe für einen Standort ist. In einer Gegenüberstellung (oft in Form einer Matrix; vgl. Abb. 30) der Stärken und Schwächen einerseits mit den Chancen und Risiken andererseits lassen sich Strategien erkennen, wie mit den vorhandenen lokalen Ressourcen und Fähigkeiten die zukünftigen Herausforderungen am besten zu bewältigen sind.

3.4 Methoden der Standortanalyse

	Interne Kompetenzen	
Externe Entwicklungen	Stärken	Schwächen
Chancen	Einsatz von Stärken zur Nutzung von Gelegenheiten	Überwindung der eigenen Schwächen durch Nutzung von Gelegenheiten
Risiken	Nutzung der eigenen Stärken zur Abwehr von Bedrohungen	Einschränkung der eigenen Schwächen und Vermeidung von Bedrohungen

Abb. 30: SWOT-Matrix mit strategischen Ansätzen
Quelle: in Anlehnung an Macharzina/Wolf 2010, S. 343; Kreikebaum et al. 2011, S. 251f.

Standort-Portfolioanalyse

Das Ergebnis der SWOT-Analyse kann in die Portfolioanalyse übertragen werden. Die Portfolioanalyse ist eines der am häufigsten eingesetzten Instrumente der strategischen Planung (Portfolio-Management). Unter Portfolio versteht man in der Finanzwirtschaft die optimale Kombination verschiedener Anlagemöglichkeiten (Wertpapiere) im Sinne von Gewinn- und Risiko-Ausgleich. Diese Grundidee wurde auf die strategische Geschäftsfeldplanung übertragen. Das gesamte Tätigkeitsfeld einer Unternehmung lässt sich so als Portfolio strategischer Geschäftsfelder darstellen.

☐ **Merksatz**

> Analog zur strategischen Unternehmensplanung können wir von einem Standortportfolio sprechen, wenn alle Standort-Geschäftsfelder eines Standortes (z.B. IT-, Bio-Technologie- und Medien-Cluster) hinsichtlich interner (z.B. Wettbewerbsstärke) und externer (z.B. Marktattraktivität) strategischer Erfolgsfaktoren bewertet und positioniert werden.

Diese Methode dient zur Generierung von Strategien, zur Verdichtung von Informationen und zur Reduzierung von Komplexität mit dem Ziel einer möglichst präzisen Bewertung und Positionierung einzelner Standortfelder. Dabei beruht der Portfolio-Ansatz auf der Überlegung, dass Standorte nur dann langfristig existenzfähig sind, wenn ihr Portfolio von Standortfeldern hinsichtlich der folgenden Aspekte ausgewogen ist (Hungenberg 2011, S. 457f.):

- Bedarf und Freisetzung finanzieller Mittel,
- Zukunftsaussichten, Wettbewerbfähigkeit und Risikoträchtigkeit.

In der abschließend durchzuführenden Standort-Portfolioanalyse geht es also um die differenzierte Bewertung einzelner Märkte bzw. Zielgruppen eines Standortes hinsichtlich der Attraktivität der Märkte (externe Erfolgsdimension) und der Marktstärke (interne Erfolgsdimension) des Standortes. Das Ergebnis der Portfolioanalyse ist eine Darstellung der Position und Anordnung einzelner Standortmärkte auf ausgewählten Schlüsselfaktoren des Standortwettbewerbs (Abb. 31). Insbesondere werden

- die Wettbewerbsstärke des Standortes (interne Analyse) und
- die Markt- bzw. Zielgruppenattraktivität (externe Analyse)

ermittelt, um dann die einzelnen Standortfelder entlang dieser Dimensionen zu positionieren. Sowohl die Marktattraktivität, als Ergebnis der Chancen-Risiken-Analyse, als auch die Wettbewerbsstärke, als Ergebnis der Stärken-Schwächen-Analyse, werden nach diesem Ansatz auf der Basis zahlreicher Faktoren operationalisiert und gemessen. Während die externen Faktoren vom Standortmanagement nicht mittelbar und kurzfristig beeinflusst bzw. verändert werden können, ist das bei den internen Faktoren (z.B. Stärken und Schwächen des Standortes) möglich. Abb. 31 zeigt als artifizielles Beispiel einen Standort mit vier relevanten Teilmärkten, die hinsichtlich der beiden Erfolgsdimensionen „Marktattraktivität" und „Wettbewerbsstärke" unterschiedlich positioniert sind. Während die Biotechnologie als Wachstumsmarkt sehr interessant und der Standort hier gut aufgestellt ist, sieht die Position der Elektrotechnik schwach aus. Mögliche Schlussfolgerungen aus diesem Analyseergebnis sind, die Elektrotechnik nicht weiter zu unterstützen (Ressourcen einsparen), um damit zu versuchen, die Wettbewerbsposition des Standortes für die IT-Branche zu verbessern.

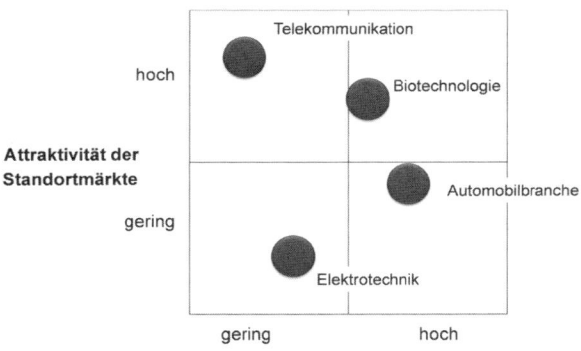

Abb. 31: Portfolio für einen Standort mit vier Standortmärkten/Zielgruppen nach Branchen (artifiziell)

Die Standort-Portfolioanalyse zielt grundsätzlich darauf, eine Ausgewogenheit aller Standort-Geschäftsfelder eines Standortes hinsichtlich dieser beiden Dimensionen zu erreichen, um

- lokale Ressourcen priorisieren und auf die einzelnen Standort-Geschäftsfelder nach einen ermittelten Schlüssel verteilen zu können, und um
- für jedes Standort-Geschäftsfeld eine erfolgreiche strategische Ausrichtung formulieren zu können.

Eine interessante Variante des Standortportfolios stellt der Marktattraktivität die Standortattraktivität aus Sicht der Zielgruppen gegenüber. Die Standortattraktivität steht dann anstelle der Wettbewerbsfähigkeit, was gut zu begründen ist, da die wahrgenommene Standortattraktivität wesentlich zur Wettbewerbsfähigkeit des Standortes beiträgt (Abb. 32). Der dargestellte Standort hat Probleme bei externen Investoren und Unternehmensgründern und sieht dagegen recht gut aus bei externen Fachkräften und angesiedelten Unternehmen.

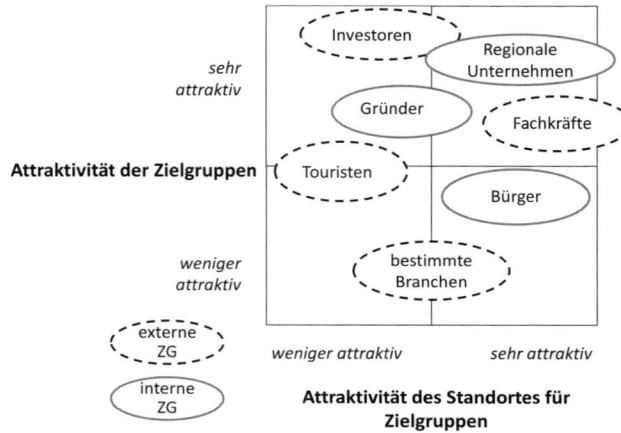

Abb. 32: Zielmarktattraktivität vs. Standortattraktivität (artifizielles Beispiel)

4 Visionen, Leitbilder und Ziele des Standortmarketing

4.1 Visionen und Leitbilder

Hierarchisches Zielsystem

Nach den Phasen des Standortmanagements (vgl. Abb. 22) bilden die Ergebnisse der Standortanalyse, d.h. die Ergebnisse der SWOT- und der Portfolioanalyse, die Grundlage für die zu erarbeitende Standortmarketing-Konzeption. In Bezug auf das *St. Galler Management-Konzept* (vgl. Abb. 21) mit seinen Bereichen „Normatives Standortmanagement", „Strategisches Standortmanagement" und „Operatives Standortmanagement" leiten wir eine Standortmarketing-Konzeption ab, die aus den Elementen Standortziele, Standortstrategien und Standortmaßnahmen besteht.

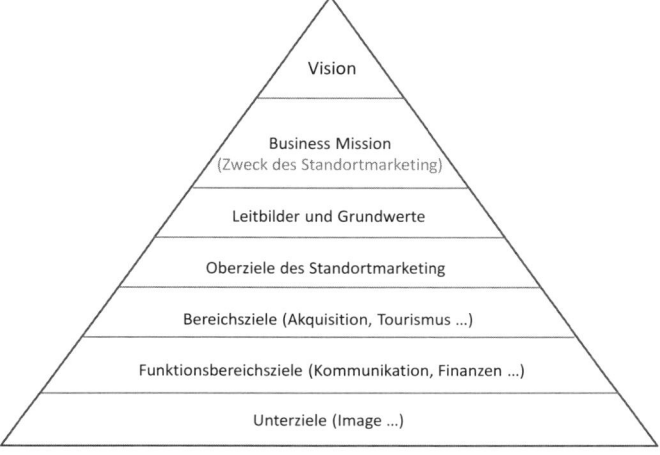

Abb. 33: Zielhierarchie im Standortmarketing
Quelle: in Anlehnung an Benkenstein/Uhrich 2009, S. 89

Visionen und Leitbilder stehen am Anfang einer Standortmarketing-Konzeption und werden den konkreteren Leitbildern und Zielen vorangestellt (Abb. 33). Dieser Bereich ist dem normativen Management zuzuordnen. Sie geben dem Standort eine grundsätzliche, strategische und ganzheitliche Ausrichtung.

☐ Merksatz

Standortvisionen zeigen, was ein Standort auf längere Sicht erreichen und wohin er sich zukünftig entwickeln will.

Nach *Hinterhuber et al.* (1994) ist die Vision mit dem Polarstern vergleichbar, der nicht das Ziel einer Reise ist, aber die Richtung angibt, wohin die Reise geht. Visionen sollten griffig formuliert und leicht verständlich sein. Als Beispiel für eine Vision könnte die folgende Formulierung genannt werden: *„Engagiert und zielstrebig verfolgen wir unsere Vorstellung, die Stadt als lebenswerten Raum für alle zukunftsfähig zu gestalten."* Die Vision dient dem Standortmanagement als Führungsinstrument der Vermittlung von Grundwerten (*Shared Values*). Sie soll den Standort und das Standortmanagement auf notwendige Tätigkeiten, Kernkompetenzen und zukünftige Entwicklungen fokussieren. Weiterhin sollten Visionen auch bei sich verändernden Rahmenbedingungen tragfähig sein, d.h. eine gewisse Dauerhaftigkeit besitzen.

Leitbildbereiche

Die Standortvisionen müssen mit der *Business Mission des Standortes* ebenso kompatibel sein wie mit den gesetzten Leitbildern und Grundsätzen. Die *Business Mission* (Zweck des Standortmanagements) gibt an, welche Leistungen welchen Anspruchsgruppen (z.B. Investoren, Bürgern) vom Standort angeboten werden sollen (vgl. auch Müller-Stewens/Lechner 2011, S. 227f.). Damit wird letztlich die Existenz des Standortmanagements begründet. Die Vision und die *Business Mission* werden gestützt von Leitbildern und Grundsätzen aus dem weiten Spektrum einzelner Standortbereiche wie Wirtschaft, Verkehr und Freizeit (vgl. Abb. 34).

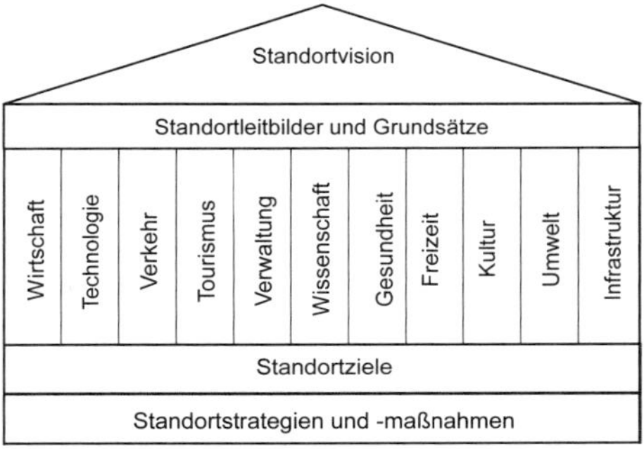

```
                    Standortvision
        ┌─────────────────────────────────────┐
        │  Standortleitbilder und Grundsätze  │
        ├──┬──┬──┬──┬──┬──┬──┬──┬──┬──┬──────┤
        │W │T │V │T │V │W │G │F │K │U │ Infra-│
        │ir│ec│er│ou│er│is│es│re│ul│m │struk- │
        │ts│hn│ke│ri│wa│se│un│iz│tu│we│ tur   │
        │ch│ol│hr│sm│lt│ns│dh│ei│r │lt│       │
        │af│og│  │us│un│ch│ei│t │  │  │       │
        │t │ie│  │  │g │af│t │  │  │  │       │
        │  │  │  │  │  │t │  │  │  │  │       │
        ├──┴──┴──┴──┴──┴──┴──┴──┴──┴──┴──────┤
        │            Standortziele            │
        ├─────────────────────────────────────┤
        │    Standortstrategien und -maßnahmen│
        └─────────────────────────────────────┘
```

Abb. 34: Leibilder und Grundsätze des Standortmarketing
Quelle: in Anlehnung an Töpfer 1996, S. 37

☐ Merksatz

Ein Standortleitbild macht Aussagen über alle grundsätzlichen, langfristig angelegten, allgemeingültigen und dennoch realistischen Vorstellungen zur Standortentwicklung.

Standortleitbilder können zu spezifischen Aufgabenbereichen (z.B. Unternehmensakquisition), Maßnahmen (z.B. Imagebildung), Funktionen (z.B. Infrastruktur) und Anspruchsgruppen (z.B. externe Investoren) des Standortes definiert werden. In ihrer Gesamtheit stellen sie dann ein Leitbildsystem dar. Leitbilder sollen auf einen möglichst konkreten, keinen utopischen, Entwurf für die Zukunft des Standortes ausgerichtet sein. Leitbilder haben immer einen engen Bezug zur jeweiligen regionalen Kultur und den historisch gewachsenen Gegebenheiten des Standorts. Bleicher (1994, S. 21) bezeichnet Leitbilder auch als *„realistische Idealbilder"*. Mit dieser Bezeichnung kommen die beiden, oft in einem Spannungsverhältnis stehenden Dimensionen von Leitbildern, „Machbarkeit" und „Wünschbarkeit", treffend zum Ausdruck (vgl. Kahlenborn et al. 1995, S. 18). Beispiele einprägsamer Leitbilder sind z.B. die „Energiewende", „autofreie Stadt" und „Gründerregion".

106 4 Visionen, Leitbilder und Ziele des Standortmarketing

Leitbilder stellen insofern ein Orientierungssystem dar, an dem sich alle Aktivitäten der Akteure des Standortmarketing ausrichten und abstimmen können. Standortleitbilder müssen unterschiedlichste Entwicklungstrends und Interessen für alle Bereiche der Standortentwicklung auf das Wünschenswerte richten. Nur wenn alle relevanten Standortakteure das Leitbild des Standorts akzeptieren und als eine Art Selbstverpflichtung für das tägliche Handeln auffassen, wird Standortmarketing erfolgreich sein. Dann kann eine Vernetzung, Koordination und Abstimmung unterschiedlicher Standortinteressen und damit die erforderliche Nutzbarmachung lokaler Kenntnisse, Kreativität und Kompetenz gelingen.

Leitbild			
Industriestadt Berlin 2010-2020			
Leitlinien			
Gemeinsame Richtung einer zukunftsfähigen Industriepolitik			
Rahmenbedingungen	Innovationen	Fachkräfte	Standortkommunikation
Ziele	Ziele	Ziele	Ziele
Projekte	Projekte	Projekte	Projekte

Abb. 35: Leitbild, Leitlinien und Aktionsfelder des Masterplans Industriestadt Berlin 2010-2020
Quelle: Senatsverwaltung für Wirtschaft, Technologie und Frauen 2010

☐ **Praxis**

Unter Beteiligung zahlreicher Akteure aus Wirtschaft, Wissenschaft, Politik, Verwaltung und Gewerkschaften ist in Berlin der *Masterplan Industriestadt Berlin 2010-2020* entstanden (Senatsverwaltung für Wirtschaft, Technologie und Frauen

2010). Dieser Masterplan umfasst neben der Vision eines „Industriestandortes" 6 Leitlinien und 4 Aktionsfelder (Abb. 35). Zu den Leitlinien gehören „Bewusstsein für Bedeutung der Berliner Industrie fördern", „Innovationstätigkeit der Berliner Industrie stärken" und „Akteursvielfalt nutzen und Dialoge fördern".

Leitbildprofilierung

Der Prozess zur Entwicklung eines Standortleitbildes sollte unter Beteiligung aller relevanten Akteure stattfinden. Ein wesentliches Ziel der Leitbildentwicklung ist die Herstellung eines Konsenses über die Aufgaben und Ziele der Standortentwicklung und -vermarktung und über die Zukunft des Standortes. Im Leitbild kommt auch das Profil eines Standortes oder der „Charakter eines Standortes" zum Ausdruck. Eine Profilierung und Positionierung kann z.B. erfolgen über eine

- *Zielgruppenorientierung* (z.B.: „Wir sind wirtschaftsfreundlich!"),
- *Leistungsorientierung* (z.B.: „Kein Genehmigungsverfahren dauert länger als 3 Monate") und über eine
- *Prozessorientierung* (z.B.: „Wir haben die modernste Verwaltung").

Weiterhin kommen im Standortleitbild die grundlegenden Orientierungen eines Standortes zum Ausdruck. Als Beispiele können hier genannt werden:

- *Binnenorientierung*: Das Selbstverständnis des Standortes als soziales System mit der Aufgabe, kulturelle, soziale und ökonomische Bedürfnisse standortansässiger Akteure zu befriedigen (z.B. Schaffung von Arbeitsplätzen, attraktives Freizeitangebot etc.).
- *Anspruchsgruppenorientierung*: Das Selbstverständnis des Standortes in der Übernahme gesellschaftlicher Verantwortung (*Corporate Social Responsibility*) und Berücksichtigung von Anspruchsgruppeninteressen (*Stakeholder-Ansatz*). Der Standort definiert sein Selbstverständnis in diesem Fall über den Nutzen, den er bestimmten Anspruchsgruppen gegenüber erbringen kann (z.B. Gesundheits- und Umweltschutz, Sozialverträglichkeit).

4 Visionen, Leitbilder und Ziele des Standortmarketing

- *Managementorientierung:* Das Selbstverständnis des Standorts bzw. des Standortmanagements, auf das Gemeinwohl gerichtet, professionell und kompetent zu handeln. Es enthält eine bewusste Abkehr von hierarchischer Machtausübung, gegenseitigem Misstrauen und Kontrolle. Hier stehen eigendynamische Prozesse der Selbstorganisation sowie der Konfliktregelung durch Aushandlungsprozesse und Dialoge im Vordergrund.

Funktionen von Leitbildern

Im Rahmen einer Standortmarketing-Konzeption können Leitbilder mehrere Funktionen übernehmen:

- *Orientierungs- und Koordinationsfunktion:* Zur Koordination dezentral zu erbringender Beiträge bzw. Leistungen von unabhängigen Akteuren bedarf es einer Orientierungsgrundlage eines Leitbildes, die das Denken und Handeln der Standortakteure lenkt und ausrichtet. In einer arbeitsteiligen Organisation ermöglichen Leitbilder eine effektive und zielorientierte Integration und Koordination von Einzelbeiträgen. Die Akteure des Standortmarketing bedürfen Leitbilder, um Entscheidungen bei alternativen Handlungsoptionen zu erleichtern.

- *Ganzheitliche Integration und Konsensbildung:* Eine wesentliche Aufgabe von Leitbildern ist, zu einer ganzheitlichen Integration unterschiedlicher Ziele und Interessenlagen beizutragen, indem sie die Standortakteure ansprechen und Partialinteressen zum Wohle des Ganzen zu überwinden helfen (Bleicher 1994, S. 13). Damit Leitbilder diese Funktion wahrnehmen können, müssen sie für alle Beteiligten transparent sein.

- *Förderung von Identifikation und Motivation:* Damit Leitbilder die ihnen zugedachten Funktionen auch erfüllen, müssen sie bestimmten Anforderungen genügen. Leitbilder müssen inhaltlich konsistent und frei von Widersprüchen sein. Sie dürfen den grundsätzlichen Werten, Normen und Verhaltensweisen der Standortbewohner (*Standortkultur*) nicht widersprechen. Sie müssen glaubhaft gelebt werden und allgemeine Anerkennung und Akzeptanz finden.

4.1 Visionen und Leitbilder

Anforderungen an Leitbilder

Im Einzelnen sind folgende formale Anforderungen an Leitbilder des Standortmarketing zu beachten (vgl. Bleicher 1994, S. 51): Standortleitbilder sollen

- *Allgemeingültigkeit* besitzen, d.h. sich nicht nur auf ausgewählte Einzelfälle beziehen,
- *Wesentliches*, d.h. Wichtiges, Bedeutendes und Grundsätzliches erfassen,
- *langfristig* angelegt sein,
- wahr sein und *ernsthafte* Absichten enthalten und nicht in erster Linie der Imagepflege oder dem PR dienen,
- *realisierbar* sein, d.h. keine idealistischen oder utopischen Wunschvorstellungen enthalten,
- *konsensfähig* sein sowie
- klar und *verständlich* sein, damit keine Missverständnisse und Interpretationsspielräume auftauchen.

Kontraproduktiv können Leitbilder dann wirken, wenn

- durch *irreale Wunschbilder* Gefühle der trügerischen Selbstsicherheit vermittelt werden (z.B. „Wir sind der Industriestandort Nr. 1 in Deutschland"),
- die angestrebte Entwicklung *unrealistisch* ist und die Leistungsträger überfordert sind (z.B. „Arbeitsplätze für alle"),
- sie sehr vage formuliert sind und nichtssagende und unglaubwürdige *Leerformeln* enthalten (z.B. „Standort der Zukunft"). Sie erfüllen dann nicht die ihr zugedachte Orientierungsfunktion, sondern fördern Unsicherheit und Richtungslosigkeit gleichermaßen (Bleicher 1994, S. 53).
- *Schönfärberei* und *Plattitüden* die *Austauschbarkeit* und Beliebigkeit von Leitbildern fördern,
- sie auf *mangelnde Akzeptanz* der Bürger stoßen und
- sie Tradition und *Kultur des Standortes missachten*

(vgl. Bleicher 1994, S. 68f.).

Es gibt kein Patentrezept für die Formulierung und Gestaltung von Leitbildern (vgl. Bleicher 1994, S. 53). Leitbilder befinden sich immer im Spannungsfeld von inhaltsloser und gehaltvoller Formulierung. Sind Leitbilder zu moderat gefasst, vermeiden sie jede konkrete Festlegung, und halten sie sich für jede Zukunftsoption offen, so sind sie nicht in der Lage, eine eindeutige Positionierung der Standorte im Wettbewerbsumfeld zu leisten (vgl. Bleicher 1994, S. 55). Leitbilder sind auch mehr als nur ein Slogan. Ein Slogan ist Bestandteil einer Kommunikations- bzw. Werbekampagne, die auf ein Leitbild bzw. Ziel gerichtet sein kann. Während Leitbilder den Trägern des Standortmarketing Handlungsorientierung geben sollen, richten sich Slogans an die Standortzielgruppen. Ein Logo wiederum ist nur ein visuelles Erkennungssignal für einen Standort.

□ **Praxis**

> Beispiele für Standort-Slogans sind: Wachsen mit Weitsicht (Hamburg), Stadt der Wissenschaft und Lebensart (Münster), viel vor. viel dahinter (Karlsruhe), München mag dich, Leipziger Freiheit, the place to be (Berlin) und Wir können alles. Außer Hochdeutsch (Baden-Württemberg).

4.2 Ziele des Standortmarketing

Standortleitbilder sind noch recht abstrakt und allgemein gehalten. Sie dienen als generelle Orientierungen und nicht als konkrete Handlungsanweisungen. Ziele dagegen sind immer operational zu formulieren, so dass jederzeit der Grad der Zielerreichung messbar ist. Zur Strategie- und Maßnahmenplanung ist es zwingend erforderlich, aus den Leitbildern konkrete operationale Ziele für das Standortmarketing abzuleiten.

□ **Merksatz**

> Ziele sind Aussagen über angestrebte zukünftige Zustände, die als Ergebnisse von betrieblichen Entscheidungen eintreten sollen (Balderjahn/Specht 2011, S. 101).

Beispiele für operationale Zielbereiche sind: Straßenausbau, Wohnungsbau, Gewerbeflächenerschließung und die Beschleunigung von Genehmigungsverfahren.

Ziele haben folgende Funktionen (vgl. Balderjahn/Specht 2011, S. 102):

- Orientierungs-, Steuerungs- und Koordinationsfunktion für arbeitsteilige Prozesse,
- Bewertungs-, Entscheidungs- und Rechtfertigungsfunktion,
- Kontrollfunktion durch Analyse der Zielabweichung (z.B. *Gap-Analyse*),
- Identifikations- und Motivationsfunktion für Mitarbeiterinnen und Mitarbeiter,
- Kommunikationsfunktion, d.h. Information Dritter über die Ziele des Standortes.

Ziele müssen realisierbar, überprüfbar, in das Zielsystem integrierbar und verständlich sein (vgl. Schierenbeck/Wöhle 2012, S. 104f.). Eine operationale Zielformulierung umfasst die folgenden Zieldimensionen (vgl. Balderjahn/Specht 2011, 101f.):

- Wo soll etwas erreicht werden? Zuständige Organisationseinheit (z.B. Unternehmensakquisition)
- Was soll erreicht werden? Zielinhalt, d.h. der Tatbestand, der angestrebt wird (z.B. Verbesserung des Standortimages)
- Wie viel soll erreicht werden? Zielausmaß, d.h. das angestrebte Ausmaß der Zielerreichung (z.B. mindestens 30 Neuansiedlungen im Jahr)
- Wann soll etwas erreicht werden? Zeitlicher Bezug, d.h. Zeitpunkt oder Zeitraum der geplanten Zielerreichung
- Was wird zur Zielerreichung benötigt? Erforderliche Ressourcen (z.B. Finanz- und Personalmittel)

In der Regel verfolgt das Standortmarketing mehrere Ziele gleichzeitig mit unterschiedlicher Gewichtung bzw. Bedeutung. Fasst man alle Ziele zusammen und betrachtet dabei die Zusammenhänge bzw. Beziehungen zwischen den Zielen, so entsteht ein Zielsystem (vgl. Abb. 36). Zielbeziehungen erfassen den Zusammenhang zwischen den einzelnen Zielen und bilden die Grundlage für betriebliche Zielsysteme. Es werden komplementäre und konkurrierende Zielbeziehungen unterschieden (vgl. Macharzina/Wolf 2010, S. 210f.).

Zwei Ziele sind dann komplementär, wenn die Erreichung von einem auch gleichzeitig zur Erfüllung des anderen Zieles beiträgt. Komplementäre Ziele lassen sich in *Ober-, Zwischen- und Unterziele* einteilen. Dadurch entstehen *Zielsysteme* bzw. Zielhierarchien (Mittel-Zweck-Zusammenhänge). Für jedes Leitbild sollte ein hierarchisches Zielsystem mit Ober- und Unterzielen im Sinne von Mittel-Zweck-Relationen entworfen werden (Abb. 36).

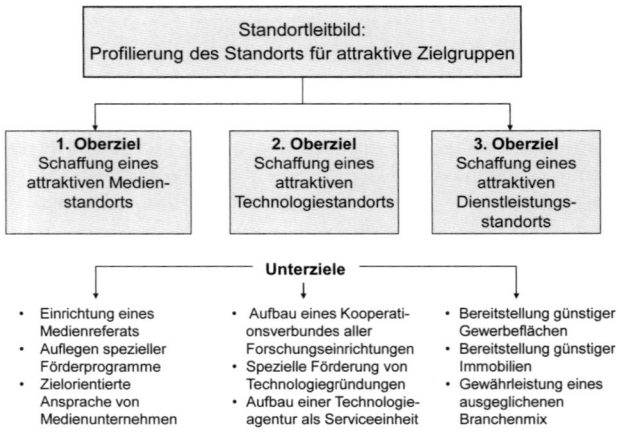

Abb. 36: Beispiel für ein hierarchisch aufgebautes Standort-Zielsystem

5 Strategien des Standortmarketing

5.1 Organisationsmodelle und Organisationsstrategien

☐ **Merksatz**

> Strategien sind mittel- bis langfristig angelegte Grundsatzentscheidungen mit Instrumentalcharakter. Sie dienen als Orientierungsrahmen für nachgeordnete Entscheidungen und lenken somit den Mitteleinsatz auf Aktivitäten zur Erreichung strategischer Ziele.

Insbesondere legen Strategien das Tätigkeitsfeld bzw. den Handlungsrahmen durch Markt-Leistungs-Zuordnungen fest (welche Leistungen für welche Zielgruppe?). Grundlagen für die Entwicklung einer Strategie im Rahmen eines Standortmarketing-Konzepts sind die Ergebnisse der Standortanalyse. Unter Zugrundelegung des allgemeinen Strategiebegriffs sollen unter Standortstrategien solche Strategien verstanden werden, die auf die

- Organisation und das Management des Standortes (Organisationsmodelle und -strategien),
- Gestaltung des Leistungsangebots des Standortes (Leistungs- und Profilierungsstrategien) und
- Auswahl und Bearbeitung spezifischer Standortmärkte (Markt- und Zielgruppenstrategien)

gerichtet sind.

Das virtuelle Standortunternehmen setzt sich zusammen aus in der Regel zahlreichen voneinander unabhängigen Leistungsanbietern eines Standortes, die sich in mehr oder weniger engen Kooperationsbeziehungen bzw. Vernetzungen befinden. Strategien zur Schaffung einer professionellen Standortmanagement-Organisation stellen die Basis des strategischen Konzepts des Standortmarketing dar und besitzen somit eine kritische Rolle. Organisationsstrategien zielen auf die Schaffung und Ausgestaltung der internen Organisation des Standortmanagements (z.B. Aufbau- und Ablauforganisation, Verantwortungsbereiche und Kompetenzen, Rechtsform) sowie auf mögliche Kooperationen bzw. Allianzen mit standortinternen und -externen Akteuren (vgl. Schnurrenberger 2000, S. 235ff.). Die Basis des regionalen Standortmanagements bilden in der Regel Ämter der öffentlichen Verwaltung, Abteilungen und Referate von Landesministerien sowie Landesbanken und Wirtschaftsfördergesellschaften (z.B. *ZukunftsAgentur Bandenburg* ZAB). Darüber hinaus sind auch spezielle Marketinggesellschaften bzw. -vereine anzutreffen (z.B. *pro Brandenburg*).

☐ **Praxis**

> Eine Studie des *Deutschen Städte- und Gemeindebundes* (DStGB), die vom *Deutschen Institut für Urbanistik* (Difu) unter 50.000 Einwohnern von Städten und Gemeinden im Jahr 2008 durchgeführt wurde, ergab, dass sich die Organisationsstrukturen in der kommunalen Wirtschaftsförderung kaum verändert haben: In 72% aller Kommunen wird die Wirtschaftsförderung von den kommunalen Ämtern (auch Eigenbetrieb, Kämmerei, Bürgermeister) durchgeführt. In größeren Städten allerdings sind eigene Wirtschaftsfördergesellschaften eher die Regel. Die als privatrechtliche Gesellschaft organisierte Wirtschaftsförderung, oft als *Public Private Partnership* (PPP) mit kommunaler Mehrheitsbeteiligung, wurde nur in 7% der Fälle genannt.

Für den Nachfrager bzw. Standortkunden muss eine Kontaktorganisation bzw. ein zu identifizierender Ansprechpartner eindeutig erkennbar sein. Insofern ist es wichtig, dass sich die Standortakteure auf einen einheitlichen, klar definierten Kundenkontakt einigen. Dieses Konzept wird auch häufig als *One Stop Agency* bezeichnet. Diese Anlaufstelle dient dazu, die unterschiedlichen Anliegen von Nachfragern aufzunehmen, um sie dann zu der jeweils auf ein bestimmtes Thema spezialisierten Organisationseinheit weiterzuleiten. Dieses Vorgehen ist sehr kundenfreundlich, da es dem Standortnachfrager abgenommen wird, sich selbst aus der oft verwirrenden Vielfalt von lokalen Organisationen den richtigen Ansprechpartner zu suchen.

☐ **Praxis**

> Brandenburg hat gerade eine *One Stop Agency* für Wirtschaft und Arbeit gegründet. Diese Organisationseinheit bündelt die Arbeits- und Wirtschaftsförderung der *Investitionsbank des Landes Brandenburg* (ILB), *der ZukunftsAgentur Brandenburg* GmbH und der bisherigen *Landesagentur für Struktur und Arbeit Brandenburg* GmbH (LASA). Auch in Berlin sind die beiden Gesellschaften „Berlin Partner" und die „Technologiestiftung Berlin" zur *„Berlin Partner für Wirtschaft und Technologie"* fusioniert. Damit soll erreicht werden, dass Wirtschafts- und Technologieförderung aus einer Hand stattfinden kann. Es sollen für die anfragenden Unternehmen und Investoren möglichst wenige Ansprechpartner die Probleme der Unternehmen lösen.

5.2 Wettbewerbsstrategien

Leistungs- und Profilierungsstrategien

Bei diesem Strategietyp handelt es sich um grundsätzliche Entscheidungen zur Schaffung und Bündelung solcher Standortleistungen, die dem Standort ein spezifisches wettbewerbsfähiges Profil geben können (Standortpolitik). Hierbei geht es um

- das Angebot von Kernleistungen eines Standortes (z.B. Infrastrukturleistungen, Bereitstellung von Gewerbeflächen),
- die Sicherstellung einer hohen Qualität der Standortleistungen,
- die Schaffung einer präferenzsteigernden Standortmarke,
- die Bereitstellung von Standortserviceleistungen (Information, Beratung und Betreuung).

Kotler et al. (1995, S. 131ff.) schlagen für diesen Bereich Strategien zur Standortverbesserung vor und unterscheiden zwischen Strategien der Standortgestaltung (Stadt- und Landschaftsplanung), der Standortinfrastruktur (z.b. Straßen, Dienstleistungen), der Standortmentalität (z.b. Freundlichkeit der Menschen) und der Standortattraktionen (z.b. kulturelle oder sportliche Ereignisse). Leistungs- und Profilierungsstrategien zielen auf eine bestmögliche Befriedigung von Bedürfnissen und Anforderungen der Standortnachfrager durch den Aufbau spezifischer Standortvorteile (*Unique Place Propositions*).

☐ Merksatz

Unter der Standortprofilierung versteht man eine klare Abgrenzung des Leistungsprofils des eigenen Standorts von dem konkurrierender Standorte und die Verankerung dieses Standortprofils im Gedächtnis der Zielgruppen (z.b. Markenaufbau).

Dazu ist es erforderlich, ein eigenständiges und attraktives Profil an Standortfeldern und damit eine Alleinstellung des Standorts im Vergleich zu konkurrierenden Standorten mit Hilfe spezifischer Standortvorteile aufzubauen (Standortprofilierung).

Einen weiteren Ansatz zur Standortprofilierung bildet die Auswahl von Branchen, Branchenclustern oder -portfolios und Kompetenzfeldern, die im Zuge einer differenzierten Marktbearbeitung gezielt am Standort aufgebaut und gepflegt werden sollen (Leistungs-Markt-Kombinationen). Manschwetus (1995, S. 238ff.) bezeichnet diese Strategie als Leistungskernstrategie. Da diese Strategie neben der Entwicklung standortspezifischer Leistungen eine Auswahl der zu bearbeitenden Märkte bzw. Zielgruppen beinhaltet (Auswahl von Standortfeldern), besteht ein enger Bezug zur nachfolgend vorgestellten Marktwahlstrategie. Die Auswahl ist u.a. abhängig von der Attraktivität einer Branche für den Standort sowie von der Wettbewerbsposition des Standortes auf den jeweiligen Märkten, von den Leitbildern und Zielen, bestehenden Branchen-Kristallisationskernen und natürlich von den vorhandenen Ressourcen.

Marktwahl- und Marktsegmentierungsstrategien

☐ **Merksatz**

> Unter Marktwahlstrategien oder Segmentierungsstrategien sollen diejenigen Strategien verstanden werden, die auf eine Auswahl, Entwicklung und Gestaltung von Standortmärkten gerichtet sind.

Zweckmäßig ist es, zwischen Marktwahl- und Marktbearbeitungsstrategien zu unterscheiden. Marktwahlstrategien wählen Standortmärkte und strategische Standortfelder aus, auf denen der Standort präsent sein will (z.B. qualifizierte Fachkräfte). Innerhalb der Standortfelder kann dann eine weitere Segmentierung nach unterschiedlichen Nachfragergruppen durchgeführt werden (z.B. qualifizierte Fachkräfte differenziert nach Branchen). Sind Standortfelder und damit „relevante Märkte" definiert worden, so kann auf der nächsten Ebene eine Marktsegmentierung durchgeführt werden.

☐ **Merksatz**

> Unter Marktsegmentierung wird die Aufteilung eines (Gesamt-)Marktes in einige wenige, relativ homogene Teilmärkte bzw. Zielgruppen (Marktsegmente), die untereinander deutlich unterschiedliche Anforderungen an Standorte formulieren, verstanden.

Marktsegmentierung setzt das strategische Konzept der *differenzierten Marktbearbeitung* um und zielt auf eine möglichst optimale Ausschöpfung des Marktpotenzials (vgl. Balderjahn/Scholderer 2002). Es ist der Zweck der Marktsegmentierung, die angebotene Leistung möglichst genau den Bedürfnissen und Wünschen verschiedener Nachfrager anzupassen. Dazu ist es erforderlich, Kriterien zur Identifizierung und Klassifizierung attraktiver Zielgruppen zu finden. Zur Marktsegmentierung werden sogenannte Segmentierungskriterien verwendet. Dafür können unternehmensspezifische (z.B. Branche und Größe), geografische (z.B. Länder) und personenspezifische Merkmale (z.B. Demografie) herangezogen werden. Grundsätzlich ist es zweckmäßig, bei der Marktsegmentierung schrittweise vorzugehen. Im ersten Schritt werden die wichtigsten, leicht erfassbaren, relativ groben Segmentierungskriterien berücksichtigt (Makrosegmentierung wie z.B. nach Branchen). Im zweiten

Schritt, der Mikrosegmentierung, geht es um sehr differenzierte, feinere Kriterien (z.b. Passfähigkeit zur lokalen Wirtschaftsstruktur).

Grundlage der Marktsegmentierung ist eine genaue Kenntnis sowohl der Anforderungen attraktiver Standortnachfrager, differenziert nach Zielgruppen, als auch der Nutzenwahrnehmung standortspezifischer Leistungen (*Customer Value*) bei den Zielgruppen. Darüber hinaus können Standortmärkte bzw. Zielgruppen nach ihrer Attraktivität geordnet und Prioritäten zugewiesen werden (Kundenwertanalyse, ABC-Analyse). Eine sehr wichtige Zielgruppenunterscheidung ist die in externe Standortnachfrager und interne Standortkunden. Für externe Unternehmen ist eine Gewinnungsstrategie (Akquisition) und für ansässige Unternehmen eine Bindungsstrategie (Bestandspflege) erforderlich.

Marktfeldstrategien (Produkt-Markt-Kombinationen)

Marktfeldstrategien beziehen sich immer auf sog. Produkt-Markt-Kombinationen. Das Produkt bzw. die Leistung dient der Erfüllung von Erwartungen bzw. Anforderungen auf bestimmten Märkten. Je besser Erwartungen erfüllt werden, desto höher der Nutzen solcher Leistungen und desto erfolgreicher der Anbieter. Unter einem Markt versteht man betriebswirtschaftlich alle aktuellen und potenziellen Marktteilnehmer, insbesondere die Nachfrager und Konkurrenten gegenseitig substituierbarer Angebotsleistungen. Als Instrument zur Strukturierung der Suche nach strategisch wichtigen Produkt-Markt-Kombinationen dient die Produkt-Markt-Matrix (vgl. Macharzina/Wolf 2010, S. 338f.). Die Matrix ist nach zwei Dimensionen gebildet: Produkte (neue oder alte) und Märkte (neue oder alte). Danach stehen die folgenden Handlungsmöglichkeiten zur Verfügung, die sich je nach der Konstellation in alte/neue Märkte und alte/neue Produkte unterscheiden:

- Marktdurchdringung (z.b. bessere Auslastung von Gewerbegebieten),
- Marktentwicklung (z.b. Suche nach neuen Märkten/Zielgruppen),

- Produktentwicklung (z.B. neuer Service für Existenzgründer) und
- Diversifikation (z.B. neue Leistungsangebote für neue Märkte/Zielgruppen).

Diese Matrix liefert Ideen für die Strategieentwicklung auf Wachstumsmärkten (Wachstumsstrategien). Ausgangspunkt der Überlegungen ist das Auftreten einer (operativen oder strategischen) Ziellücke (Gap) zwischen der Soll- und Ist-Entwicklung des Standortes. Die gesuchten Marktfeldstrategien sollen nun in der Lage sein, diese Ziellücke zu schließen. Insbesondere stellt sich die Frage, ob die bisher verfolgten Strategien in der Lage sind, diese Ziellücken zu schließen, oder ob nach alternativen Produkt-Markt-Kombinationen gesucht werden muss (Strategiewechsel).

Marktstimulierungsstrategie

Marktbearbeitungsstrategien legen das Verhalten des Standortmanagements gegenüber den Standortnachfragern und Konkurrenzstandorten fest. In diesem Zusammenhang wird oft auch von Marktteilnehmerstrategien gesprochen. Eine sehr wichtige Strategie in diesem Strategietyp ist die Marktstimulierungsstrategie. Sie legt fest, welche Wettbewerbsvorteile auf den jeweiligen Märkten aufgebaut werden sollen. Insbesondere geht es um die Festlegung von Alleinstellungsmerkmalen im Wettbewerb (*Unique Place Propositions*). Das Grundkonzept der Wettbewerbsstrategien nach Porter (1992) liefert für diesen Strategietyp brauchbare Hinweise. Danach muss sich das Standortmarketing entscheiden, ob der Wettbewerbsvorteil des Standortes durch

- eine außerordentlich hohe Leistungsqualität (Strategie der Standort-Qualitätsführerschaft) oder durch
- außergewöhnlich geringe Leistungspreise bzw. Investitions- und Erschließungskosten (Strategie der Standort-Kostenführerschaft)

erzielt werden soll. Darüber hinaus muss das Wettbewerbsfeld festgelegt werden, d.h. definiert werden, ob diese Strategien für

- den Gesamtmarkt (z.B. alle Unternehmen einer Branche wie Automobilbau) oder nur

■ Teilmärkte bzw. Nischen (z.B. nur Lkw-Unternehmen) gelten sollen (Abb. 37).

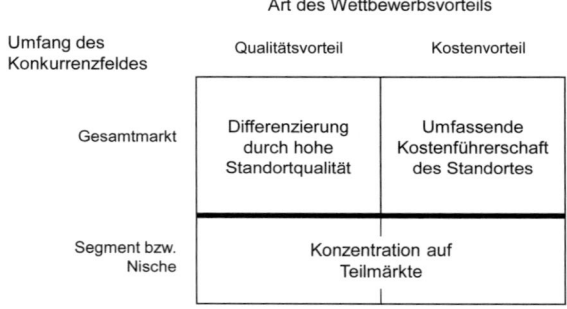

Abb. 37: Marktstimulierungsstrategietypen für Standorte in Anlehnung an Porter (1992, S. 67; vgl. auch Macharzina/Wolf 2010, S. 279)

Bei der Kostenführerschaft entsteht der Wettbewerbsvorteil durch konsequent kostenorientiertes Denken und Handeln am Standort. Voraussetzung für diese Strategie ist eine im Vergleich zu den Konkurrenten günstige Kostenstruktur am Standort (z.B. relativ niedrige Grundstückspreise) bzw. wettbewerbsfähige Subventionsmöglichkeiten. Qualitätsführerschaft zielt darauf, die Leistungen am Standort so zu differenzieren, dass sie als einzigartig angesehen werden (z.B. eine hervorragende Verkehrsinfrastruktur). Wettbewerbsvorteile nach diesen beiden Strategietypen lassen sich nur dann erzielen, wenn die erreichte Position (Kosten- bzw. Qualitätsposition) besser oder zumindest gleichwertig mit der der Mitwettbewerber ist. Verfolgt ein Standort beide Strategien, ohne dadurch einen Wettbewerbsvorteil zu erreichen, sitzt er „zwischen den Stühlen" (Porter 1992, S. 38f.). Diese Position zeichnet sich durch eine zu geringe Kostendegression bei zu hoher Qualität aus. Wer nicht die Ressourcen für eine marktführende Stellung im Sinne der Kosten- oder Qualitätsführerschaft aufbringen kann, sollte sich auf Marktsegmente konzentrieren (Nischenstrategie). Die Nischenstrategie beinhaltet eine bewusste Beschränkung der Marktbearbeitung auf einen oder einige wenige Teilmärkte bzw. Marktsegmente (z.B. bestimmte geografische Regionen/Länder oder Cluster). Innerhalb der Nischen wird dann eine Kosten- oder Qualitätsführerschaft angestrebt. Dieser Strategietyp ist sinnvoll, wenn ein Standort sich mit seinem Leistungsprofil nur in der Nische behaupten kann.

Porter entwickelte ein Konzept der Strukturanalyse von Branchen und leitete daraus fünf „Triebkräfte des Wettbewerbs" ab (Porter 1992, S. 25f.; auch Macharzina/Wolf 2010, S. 311ff.). Nach diesem Konzept wird die Wettbewerbsintensität innerhalb einer Branche durch deren ökonomische Struktur bestimmt.

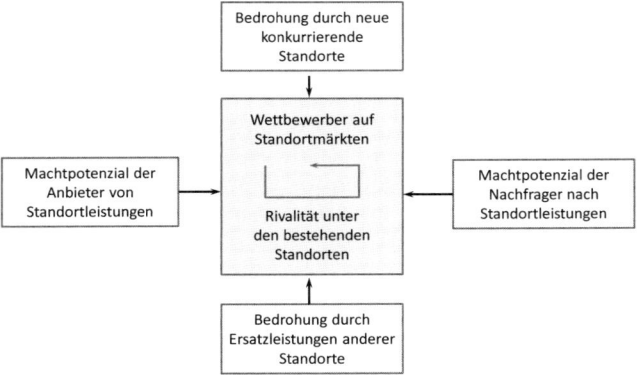

Abb. 38: Die fünf Standort-Wettbewerbskräfte in Anlehnung an Porter (1992, S. 25f.)

Dieses Konzept entwickelte *Porter* Mitte bis Ende der 1970er Jahre, also in Phasen der Sättigung, Stagnation und Schrumpfung. In diesen Marktsituationen gewinnen die sog. Wettbewerbskräfte zunehmend an Bedeutung. Nach *Porter* gibt es fünf „Triebkräfte des Wettbewerbs". Übertragen auf Standorte sind das: die Rivalität unter den konkurrierenden Standorten, die Verhandlungsmacht der Standortnachfrager, das Machtpotenzial einzelner Anbieter von Standortleistungen und die Gefahr, dass wichtige Leistungen des Standortes durch neuartige Leistungen anderer Standorte substituiert werden können (vgl. Abb. 38).

5.3 Markenpolitik für Standorte

5.3.1 Der Markenbegriff für regionale Standorte

Marken als Gedächtnisbilder

Die Markenpolitik spielt eine bedeutende Rolle im Marketing. Das liegt einerseits an dem Nutzen von Marken für die Nachfrager und andererseits an dem Wert einer Marke für die Anbieter von Produkten und Leistungen. Der vom klassischen „Markenartikel" entwickelte Markenbegriff kann auch auf Standorte übertragen werden. Je nachdem, welcher Ansatz der Markentheorie (funktions-, merkmals- oder wirkungsorientierter Ansatz) zugrunde gelegt wird, kann die Marke unterschiedlich aufgefasst werden (Esch et al. 2013, S. 199f.). Das Markenartikelgesetz betont die unterscheidungsfähige Markierung und das gewerbliche Schutzrecht einer Marke. Die Funktionen, die Marken für Nachfrager (z.B. Orientierungs- und Identifikationsfunktion; emotionaler Zusatznutzen und Mittel der Selbstdarstellung) und für Anbieter (z.B. Positionierung, Differenzierung, Loyalität) haben, können ebenso zur Definition von Marken herangezogen werden wie die Merkmale von Marken (z.B. hohe Qualität und hohes Vertrauen; vgl. Homburg 2012, S. 610).

☐ **Merksatz**

> Im Marketing hat sich der verhaltenswissenschaftliche bzw. wirkungsbezogene Markenbegriff durchgesetzt, wonach eine Marke als fest im Gedächtnis bzw. Bewusstsein der Konsumenten gespeichertes, unverwechselbares Vorstellungsbild von einem Produkt bzw. einer Dienstleistung definiert wird (vgl. Esch et al. 2013, S. 200; Meffert et al. 2012, S. 364).

Nach dieser Begriffsauffassung definieren wir die Standortmarke als marketingpolitisches Konzept eines lebendigen, unverwechselbaren und attraktiven Gedächtnisbildes, das sich Nachfrager von einem Standort machen (Abb. 39). Eine Standortmarke soll die Identität einer Region zum Ausdruck bringen, diese Region identifizierbar und von anderen Regionen unterscheidbar machen. Die Identität erfasst das Spezifische und Eigentümliche einer Region, das diese Region von anderen unterscheidet, wie z.B. die Mentalität der Menschen (u.a. Offenheit, Ambitionen, Toleranz, Freundlichkeit, Leistungsorientierung), deren Kultur (Werte wie Verantwortung, Leistung und Solidarität und Normen wie Verlässlichkeit und Pünktlichkeit), Sprache, Traditionen und Institutionen (u.a. Bildungs- und Gesundheitswesen). Der Stadt- bzw. Markenkontakt kann über unterschiedliche Reize und Erlebnisse wahrgenommen werden. Diese Wahrnehmungen bilden einerseits einen gedanklich-emotionalen Eindruck, das sog. Gedächtnisbild, heraus und steuern andererseits die Gedanken und Emotionen, die beim Anblick der Stadt bzw. des Markenzeichens beim Konsumenten entstehen.

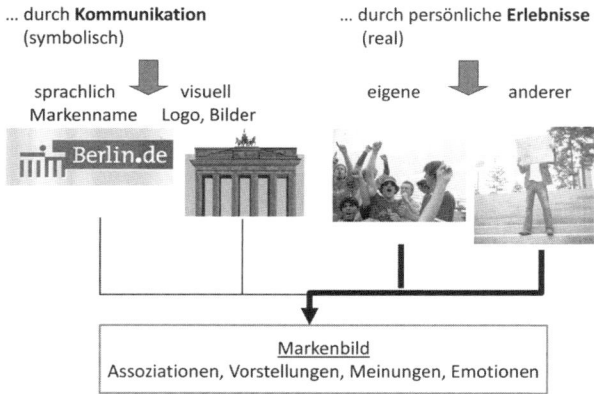

Abb. 39: Die Stadt- bzw. Standortmarke als Gedächtnisbild
Quelle: in grober Anlehnung an Kroeber-Riel/Groeppel-Klein 2013, S. 439f.

Marken als Gedächtnisbilder (sprachliche und bildliche Eindrücke) von Standorten

- sind das Ergebnis von gezielt eingesetzten Marketingmaßnahmen, insbesondere der Kommunikation, und persönlichen Erfahrungen der Nachfrager,

- haben ein Aktivierungspotenzial, d.h., sie können die Aufmerksamkeit auf den Standort lenken,
- umfassen sowohl gedankliche (z.B. gute Arbeitsmöglichkeiten) als auch emotionale (z.B. Gefallen) Vorstellungen von den Standorten,
- bilden ein Markenschema, das die mit dem Standort verbundenen Assoziationen im Gedächtnis zusammenfasst (Abb. 40),
- bestimmen als „weiche Standortfaktoren" Einstellungen, Image und Präferenzen,
- treten in konkreten Entscheidungssituationen ins Bewusstsein der Nachfrager.

Markenassoziationen und -schemata

Vorstellungen und Meinungen von Standorten sind unabhängig von ihrem Entstehungsprozess geprägt davon, ob sie einen eher rationalen oder emotionalen Hintergrund haben, ob sie sehr differenziert oder eher einfach strukturiert und wie bedeutend sie für den Nachfrager sind. Mit einem Standort werden Assoziationen verbunden, die mit dem Namen des Standortes bzw. seiner Marke verbunden sind (z.B. weltoffen, leistungsstark, lebenswert; vgl. Abb. 40). Diese Assoziationen prägen gleichzeitig das Image im Allgemeinen bzw. die Marke eines Standortes (Esch et al. 2013, S. 200) und können sich im Gedächtnis der Nachfrager als Markenschema herausbilden.

☐ **Merksatz**

> Ein Standortschema ist eine stark verfestigte, standardisierte Vorstellung über einen Standort, der im Gedächtnis sprachlich und bildlich repräsentiert ist (Balderjahn/Scholderer 2007, S. 34ff.).

5.3 Markenpolitik für Standorte

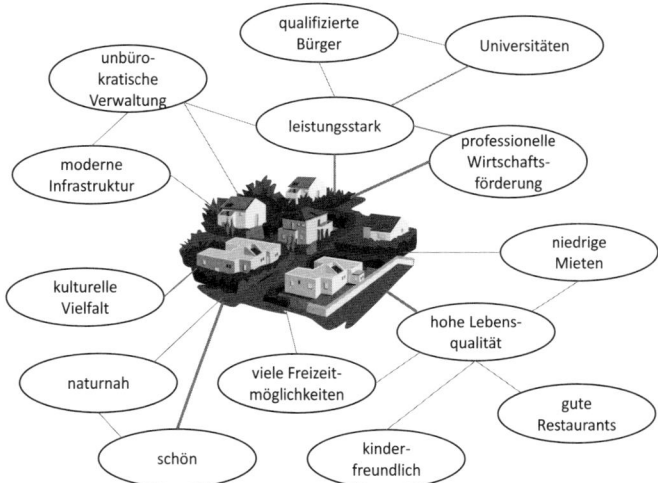

Abb. 40: Markenschema als sprachliche Assoziationen zu einer Stadt oder einem Standort (artifiziell)

Mit dem Stadtnamen können durch geeignete sprachliche Zusätze positive bildliche Assoziationen innerhalb von Zielgruppen entstehen. Beispiele sind die *Domstadt Köln*, *Kongressstadt Hannover*, *Fairtrade-Stadt Stuttgart* und *Kulturstadt Weimar*. Die Wirkung von Standortmarken auf die Präferenzen und das Verhalten von Zielgruppen ist umso stärker, je klarer und deutlicher und lebendiger die Vorstellungen von diesem Standort sind (Kroeber-Riel/Gröppel-Klein 2013, S. 446). Im Mittelpunkt einer städtischen bzw. regionalen Markenpolitik müssen der Aufbau und die Festigung eines lebendigen und einzigartigen Vorstellungsbildes von dem Standort stehen, das Vertrauen, Gefallen, Sympathie und Sicherheit ausstrahlt.

5.3.2 Besonderheiten der Markenpolitik für Standorte

Die Markenpolitik für Standorte ist ein geeignetes Mittel, um

- den Standort bei den Zielgruppen sichtbar, identifizierbar, bekannt und von anderen Standorten unterscheidbar zu machen,
- den Standort zu profilieren, ihm also ein eigenständiges Profil zu geben,
- den Bedarf der Zielgruppen auf das Leistungsangebot des Standortes zu lenken und um
- Vertrauen, Reputation und ein positives Image bei relevanten Zielgruppen aufzubauen.

Eine Marke bietet Standorten die Möglichkeit der Differenzierung und Positionierung gegenüber konkurrierenden Standorten bei relevanten Zielgruppen. Da sich städtische und regionale Leistungen oft ähnlich sind (z.B. öffentlicher Nahverkehr, Gesundheitsversorgung), müssen Standorte nach Alleinstellungsmerkmalen suchen bzw. diese geschickt kreieren und kommunizieren. Eine starke Standortmarke ist ein Alleinstellungsmerkmal. Marken sorgen für eine hohe Bekanntheit des Standortes, prägen dessen Image und schaffen Präferenzen bei den Zielgruppen, erwecken Vertrauen und Sympathie und können Nachfrager langfristig an den Standort binden (vgl. Meffert et al. 2005, S. 11f.). Darüber hinaus eignen sich Marken gut zur differenzierten Ansprache unterschiedlicher Zielgruppen von Standorten. Wollen Standorte diese Vorteile von Marken zur Schaffung von Wettbewerbsvorteilen nutzen, müssen strategische und operative Besonderheiten der Markenpolitik für Standorte beachtet werden.

Der Standort als intangibles Vertrauensgut

Insbesondere wegen des starken Dienstleistungscharakters städtischer und regionenspezifischer Leistungen (Information, Beratung, Finanzierung, Erholung, Events, Messen, Kulturangebote u.v.m.) und des damit verbundenen hohen Intangibilitätsgrades dieser Leistungen ergibt sich die Notwendigkeit ihrer Markierung (vgl. Bruhn 2001, S. 214; Meffert/Bruhn 2012, S. 265; Stauss 2001, S. 554ff.).

☐ Merksatz

Unter *Intangibilität* wird eine mangelnde physische Greifbarkeit und damit verbunden die Unsicherheit der Qualitätseinschätzung bei Dienstleistungen verstanden.

Infolge der hohen Intangibilitätsbestandteile städtischer und regionaler Leistungen ist bei diesen Gütern auch der Anteil an so genannten Vertrauenseigenschaften (*Credence Qualities*) recht hoch. Hierbei handelt es sich um Eigenschaften, die vom Nachfrager grundsätzlich nicht hinsichtlich ihrer Qualität beurteilt werden können, so dass der Nachfrager den Aussagen der Anbieter vertrauen muss (Abb. 41).

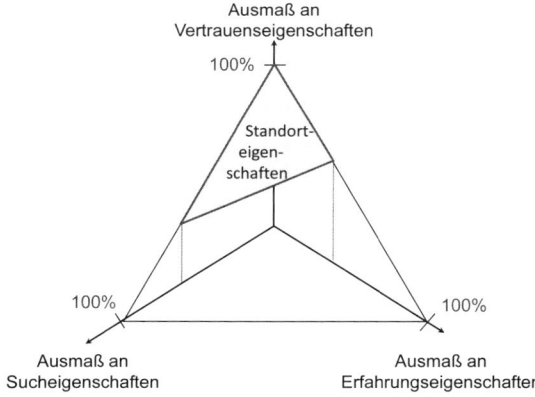

Abb. 41: Der Standort als Vertrauensgut für Externe: Eine informationsökonomische Perspektive. Quelle: in Anlehnung an Adler 1994

Sucheigenschaften sind solche, die über Informationen vorab beurteilt werden können (z.B. Grundstückspreise) und Erfahrungseigenschaften liegen vor, wenn diese erst beurteilt werden können, wenn dazu Erfahrungswerte vorliegen (z.B. Verlässlichkeit von Aussagen der Wirtschaftsförderer am Standort). In einer Situation erhöhter Entscheidungsunsicherheit und hoher subjektiv wahrgenommener Investitionsrisiken kann eine eingeführte Standortmarke dem Nachfrager als Schlüsselinformation und Vertrauenssignal

(*Signaling*) für die Glaubwürdigkeit des Leistungsversprechens und für die Qualität der angebotenen Standortleistung dienen (vgl. Stauss 2001, S. 556). Schlüsselinformationen sind für die Beurteilung von Standorten sehr wichtig. Zudem bündeln bzw. repräsentieren sie mehrere andere Beurteilungsinformationen (Kroeber-Riel/Gröppel-Klein 2013, S. 377). Durch Marken können Standorte Vertrauen und Sicherheit beim Nachfrager schaffen (vgl. Abb. 43).

Um im Wettbewerb erfolgreich bestehen zu können, müssen Standorte insbesondere für die externen Zielgruppen erkennbar sein, sie müssen ein „Gesicht" haben, damit sie als eine in sich geschlossene Leistungseinheit identifiziert und angesprochen werden können (*One-face-to-the-customer Prinzip*). Standortmarken bilden insofern visuelle Identifikations- bzw. Kristallisationskerne für das Leistungsangebot eines Standortes und können Zielgruppen als Orientierungshilfe bei Entscheidungen über die Inanspruchnahme regionaler Leistungen dienen (Kirchgeorg 2002, S. 376f.). Erst durch die Markierung ist es möglich, einem Standort Konturen zu geben, den Standort überall dort „sichtbar", bekannt und identifizierbar zu machen, wo Nachfrager auf Leistungsangebote des Standortes treffen. Bei dieser Aufgabe helfen Standortlogos (Abb. 42).

Abb. 42: Beispiele für Regionen- und Städtelogos in Deutschland
Quelle: Internetpräsenzen der Städte bzw. Regionen

Standortprofilierung durch Marken

Die Markenpolitik kann zur Identifizierung und Profilierung eines Standortes einen entscheidenden Beitrag leisten. Deshalb ist es das Ziel einer professionellen Markenpolitik, „intangible" Standorte durch eine Marke zu visualisieren und im Wettbewerb zu differenzieren und zu positionieren (vgl. Schleusener 2002, S. 268f.). Eine Differenzierung ist insbesondere über die Vermittlung eines spezifischen „psychologischen Zusatznutzens" (Meffert et al. 2005, S. 7) durch eine Marke möglich (z.B. Naturnähe, Kultur, Lebensqualität). Die Markenpositionierung ist eine wichtige kunden- und wettbewerbsorientierte Strategie. Sie zielt darauf, dem Leistungsangebot eines Standortes ein unverwechselbares, von anderen Standorten unterscheidbares Profil zu geben und „in den Köpfen" der Menschen zu verankern. Differenzierung und Positionierung sind für Dienstleistungsanbieter noch wichtiger als für Sachleistungen, da Dienstleistungen oft austauschbarer, leichter zu imitieren und schwieriger zu patentieren sind (Stauss 2001, S. 557; Schleusener 2002, S. 268). Durch Marken können sich Standorte im Markt der Konkurrenzangebote ein einzigartiges Profil geben (vgl. Abb. 43).

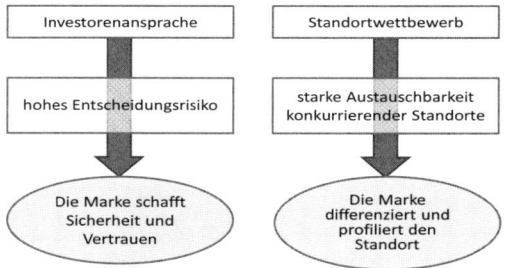

Abb. 43: Wirkung und Funktion der Standortmarke
Quelle: in grober Anlehnung an Tomczak/Brockdorff 2000, S. 491

Standortmarkierung

Die Markierung von Standortdienstleistungen weist besondere Probleme auf, die bei der Markenpolitik beachtet werden müssen (vgl. Meffert/Bruhn 2012, S. 268):

- das Problem der Visualisierung und Profilierung der Leistungen eines Standortes durch eine Marke und
- das Problem der Sicherung der Qualitätskonstanz der Leistungen von Standorten aufgrund der oft unterschiedlichen regionalen Leistungsanbieter.

Eine „physische" Markierung in Form von Wort-, Bild- oder Kombinationsmarken (Logos) kann einer Stadt oder Region nicht angeheftet oder angeklebt werden. Es müssen dafür Surrogate bzw. alternative Markierungsobjekte gefunden werden. Vorgeschlagen wird, im Umfeld des Leistungsangebots und der Leistungserbringung, dort wo der Nachfrager Kontakt mit den städtischen und regionalen Leistungsträgern aufnimmt, nach Möglichkeiten der Markierung zu suchen (z.B. auf der Internetpräsenz; vgl. Meffert/Bruhn 2012, S. 270).

Die Marke soll den Standort nicht nur für den Nachfrager bekannt machen und ihm eine Orientierung geben, sondern die Marke muss auch zur Präferenzbildung die Einzigartigkeit des Standortes und damit den komparativen Leistungsvorteil symbolisieren bzw. kommunizieren können. Dies ist bei der Markengestaltung u.a. durch die Verwendung leicht interpretierbarer Symbole oder Sprachergänzungen möglich. Städtische und regionale Anbieter bzw. Anbieternetzwerke und -kooperationen (z.B. Amt für Wirtschaftsförderung, regionale Infrastruktureinrichtungen wie Müllabfuhr, öffentlicher Nahverkehr, Energie- und Wasserversorgung) müssen für den Nachfrager erkennbar sein.

Die Gewährleistung einer einheitlich hohen und im Zeitablauf konstanten oder verbesserten Qualität städtischer und regionaler Leistungen hängt von der Heterogenität der Leistungsanbieter sowie von Bereitschaft und Fähigkeit des Nachfragers zur Zusammenarbeit mit regionalen Anbietern ab (Meffert/Bruhn 2012, S. 268f.). Qualitätsschwankungen können durch eine Standardisierung von Standortdienstleistungen reduziert werden. Allerdings schätzen Nachfrager die Qualität von Dienstleistungen umso höher ein, je spezifischer sie auf ihre Wünsche ausgerichtet sind. Mit zunehmender Individualisierung nehmen die Probleme der Konstanthaltung der Qualität wieder zu (Stauss 2001, S. 566).

5.3.3 Markenstrategien von Standorten

Der Nutzen einer Marke für Standorte ergibt sich aus den zahlreichen Vorteilen, die Marken aus Sicht der Nachfrager besitzen (vgl. Kirchgeorg 2002, S. 380; Meffert et al. 2005, S. 10f.).

☐ **Merksatz**

> Durch Marken können Nachfrager Standorte und das dortige Leistungsangebot leichter erkennen und sie geben ihnen eine Orientierungshilfe bei der Auswahl konkurrierender Leistungen.

Nachfrager bringen Standorten, die eine Marke erfolgreich geschaffen haben, Vertrauen und Sympathie entgegen und verhalten sich oft loyal. Marken reduzieren bei den Nachfragern Entscheidungsunsicherheiten und subjektiv wahrgenommene Risiken. In ihrer Funktion, als Schlüsselmerkmal bzw. Gesamteindruck für alle städtischen und regionsspezifischen Leistungen zu dienen, entlasten sie den Nachfrager in komplexen Entscheidungssituationen. Des Weiteren kann die Marke eine Stadt- bzw. Regionenidentität kommunizieren (*Markenidentität*) und liefert damit die Basis einer persönlichen Identifikation des Nachfragers mit dem Standort (Kirchgeorg 2002, S. 381f.). Durch die Übertragung von (Persönlichkeits-)Merkmalen der Marke (z.B. glaubwürdig, leistungsstark) auf Nachfrager entfaltet die Marke eine identitätsstiftende Wirkung (Meffert et al. 2005, S. 12).

Die Festlegung einer Markenstrategie hat dem Umstand Rechnung zu tragen, dass Standortmarken als spezifische Dienstleistungsmarken geführt werden müssen (vgl. Schleusener 2002, S. 264ff.). Für Dienstleistungen werden oft Dachmarken verwendet, d.h., sämtliche Leistungen eines Standortes können unter einer Dachmarke zusammengefasst werden (Bruhn 2001, S. 220; auch Stauss 2001, S. 559). Für Standorte bietet sich eine Dachmarkenstrategie auf der Basis des schon vorhandenen Stadt- bzw. Regionennamens an. Die Dachmarke muss sich auf die Identität des Standortes stützen, mit dem Selbstbild der Bürger und dem Leitbild des Marketingkonzepts übereinstimmen, eine Positionierung ermöglichen und den Kommunikationserfordernissen entsprechen. Darüber hinaus muss die Dachmarke geeignet sein, unterschiedliche Kompetenz- bzw. Handlungsfelder (z.B. Wirtschaft, Einzelhandel, Tourismus, Kultur) eines

Standortes in sich aufnehmen zu können. Da allerdings das Leistungsangebot von Standorten oft außerordentlich heterogen und vielschichtig ist, müssen für die Markenpolitik von Standorten weitere strategische Optionen geprüft werden, da die „Tragfähigkeit einer Dachmarke" begrenzt ist (Bruhn 2001, S. 220).

Es kommen solche Markenoptionen für die Markenpolitik von Standorten infrage, die eine leistungs- und zielgruppenorientierte Ausdifferenzierung der Leistungen oder Bereiche des Standortes ermöglichen (vgl. Kirchgeorg 2002, S. 382). Dazu bieten sich die sog. Tandemmarke und das Co-Branding an. Tandemmarken kombinieren Einzelmarken zu einer Doppelmarkierung (Bruhn 2001, S. 221). Für Standorte können Tandemmarken die Dachmarke des Standortes verknüpfen mit Einzelmarken zielgruppenorientierter Leistungsangebote. Dadurch ist eine bessere und wirkungsvollere zielgruppenspezifische Ansprache möglich, ohne auf die Vorteile der Dachmarke verzichten zu müssen. So könnte eine Dachmarke POTSDAM als Tandemmarke für die Kompetenzbereiche

- Wirtschaftsförderung: POTSDAM *business*
- Handel: POTSDAM *shopping*
- Tourismus: POTSDAM *tourism*
- Wissenschaft: POTSDAM *science*
- Bürger: POTSDAM *citizen*

geführt werden (Beispiel ist fiktiv). Die Tandemmarken fassen immer zielgruppenspezifische Leistungsangebote zusammen. Das mit der Dachmarke POTSDAM verbundene Image sowie dessen Bekanntheit werden wie beim Markentransfer auf die anderen Leistungsbereiche der Stadt übertragen. Die Tandemmarkenstrategie würde auch der Tendenz der zunehmenden Zersplitterung von Zielgruppen Rechnung tragen können (vgl. Köhler 2001). Während die Standortmarke die grundsätzlichen Vorstellungen und Assoziationen als Markenkern erfasst, kann durch Markenzusätze eine zielgruppen- und situationsspezifische Ansprache erfolgen.

Eine andere Möglichkeit bietet das Co-Branding, wenn es in der Stadt oder Region schon bekannte und erfolgreiche Marken von regionalen Anbietern bzw. für regionale Leistungen gibt. Beim Co-Branding werden zwei mit Marken versehene Leistungen miteinander kombiniert (Bruhn 2001, S. 221). Der Markenname eines Standortes kann nach dem Co-Branding kombiniert werden mit Marken städtischer oder regionaler Firmen oder Einzelleistungen (z.B. Berlin mit den Berliner Philharmonikern). Des Weiteren ist es möglich, dass bekannte Marken privater Unternehmen zusammen mit der Standortmarke auftreten, wenn das Unternehmen bzw. die Marke stark mit der Stadt- bzw. Regionenidentität verwurzelt ist (z.B. Wolfsburg mit Volkswagen).

5.3.4 Gestaltung von Standortmarken

Die Gestaltung einer Standortmarke, das *Branding*, muss darauf gerichtet sein, bei den Zielgruppen ein lebendiges, attraktives und unverwechselbares Vorstellungsbild zu erzeugen. Der Standort muss sich aus der Menge anderer, konkurrierender Standorte hervorheben und von den Zielgruppen mit spezifischen Leistungen verbunden werden (vgl. Esch 2003, S. 154). Dazu müssen geeignete Markierungselemente gefunden und eingesetzt werden. Hierzu zählen in erster Linie der Markenname und das Markenlogo. Da für Städte immer Namen vorhanden sind und auch Regionen sehr häufig Namen haben, sollte sich der Markenname hieran orientieren. Mit Stadt- und Regionennamen verbinden insbesondere die Be- und Anwohner dieser Orte konkrete Vorstellungen. Im Prozess der Namensgebung sollte allerdings auch geprüft werden, ob sich der historisch herausgebildete, bekannte Name einer Stadt oder einer Region auch für die Vermarktung dieser Orte bei auswärtigen und insbesondere bei ausländischen Zielgruppen eignet (Kirchgeorg 2002, S. 383). Nach Kirchgeorg (2002, S. 383f.) sind es insbesondere folgende Kriterien, die bei der Namensfindung für Standortmarken beachtet werden sollten: Der Markenname für einen Standort sollte

- grundsätzlich für die Kennzeichnung eines geografischen Raumes und des dort vorzufindenden Leistungspotenzials geeignet sein.
- dem Zweck der Marke, ein klares und prägnantes Vorstellungsbild bei den Zielgruppen zu schaffen, dienen. Damit ist die assoziative und emotionale Bedeutung des Markennamens ebenso angesprochen wie seine Prägnanz.
- vereinbar sein mit der Kultur und Identität der Stadt bzw. Region.
- rechtlich schutzfähig sein.

Die genauen Gestaltungsmerkmale und Umsetzungsmöglichkeiten einer Stadt- bzw. Regionenmarke werden häufig in so genannten *Corporate Design-Manuals* festgelegt.

5.3.5 Herausforderungen der Markenpolitik für Standorte

Die Komplexität der Markenführung nimmt von der Einzelmarke (z.B. Konsumgütermarke), der Dachmarke, der Unternehmensmarke zur Standort- und Landesmarke enorm zu. Die Landesmarke muss viele unabhängige und miteinander vernetzte „Objekte" in sich konsistent und glaubwürdig aufnehmen. Das ist schwierig zu leisten. Auch steigt für die Standortmarke die Komplexität bei der Zielgruppenansprache. Es gibt oft keine klar abgrenzbaren „Kunden", sondern zahlreiche Zielgruppen oder Stakeholder des Standortmarketing (Investoren, Touristen, Bürger, Wissenschaft, Kultur etc.), die angesprochen werden müssen. Auch nimmt die Kontrolle über die markenbildenden Objekte bei der Standortmarke stark ab. Die Bedeutung der (symbolischen) Kommunikation nimmt bei der Standortmarke ab. Während mit der Kommunikation noch die Bekanntheit des Standortes gefördert werden kann, ist eine Vertrauensförderung und Differenzierung im Vergleich zu einer Konsumgütermarke deutlich schwieriger kommunikativ zu leisten. Anstelle der Kommunikation tritt die persönliche Erfahrung als zentrales Element der Herausbildung eines Marken- bzw. Gedächtnisbildes. Erfahrungen und Erlebnisse können allerdings für den gleichen Standort je nach Person sehr unterschiedlich ausfallen. Die persönlichen Erfahrungen am Standort sind durch das Standortmarketing kaum zu kontrollieren (vgl. auch Abb. 39).

Zudem sind Standortmarke und Standortimage nicht dasselbe. Die Marke bringt die Identität des Standortes, das vom Standort Gewollte, zum Ausdruck. Das Image dagegen bringt die in einer sozialen Gemeinschaft, in einer Zielgruppe geteilten Vorstellungen zu einem Standort zum Ausdruck. Es ist ein stereotypisiertes Gesamtbild, das einem Standort „anhaftet". Insofern kann das Image als die Wirkung, nicht aber als die Ursache einer Marke angesehen werden.

6 Maßnahmen des Standortmarketing

6.1 Instrumente des Standortmarketing

Der letzte Schritt der Entwicklung einer Standortmarketing-Konzeption betrifft die Planung und Durchführung konkreter Maßnahmen zur operativen Umsetzung von Standortstrategien und zur Erreichung von Standortleitbildern und -zielen. Zuständig für diese Aufgaben sind die Trägerinstitutionen, die den Standort als „Marketinginstitution" repräsentieren. Dazu gehören u.a.

- kommunale Ämter für Wirtschaftsförderung,
- öffentliche und private Wirtschaftsfördergesellschaften,
- Marketinggesellschaften/-vereine,
- Abteilungen/Stabsstellen in Ministerien,
- Industrie- und Handelskammern sowie Handwerkskammern.

Zu den Instrumenten des Standortmarketing gehören

- die Leistungspolitik,
- die Markenpolitik,
- die Kommunikationspolitik und die
- Kundenbeziehungspolitik.

Es wurde schon darauf hingewiesen, dass das Standortmarketing eine stärkere Nähe zum Business-to-Business und zum Dienstleistungsmarketing aufweist im Vergleich zum Konsumgütermarketing. Aus diesem Grund ist es zweckmäßig, einerseits die klassischen Instrumente des Marketing durch primär dienstleistungsorientierte Maßnahmen der Personalpolitik, Ausstattungspolitik und Prozesspolitik zu ergänzen und andererseits das auf die Gestaltung von Transaktionen gerichtete Konsumgütermarketing zu erweitern um den Aspekt der Pflege und Gestaltung von Geschäftsbeziehungen (Relationship Marketing). Hier ist zu unterscheiden, ob

- neue „Kunden" für den Standort akquiriert werden sollen (Akquisition, *Recruitment*),

- ansässige „Kunden" durch auf die Erreichung einer hohen Zufriedenheit zielende Maßnahmen an den Standort gebunden werden sollen (Bindung, *Retention*) oder
- unzufriedene und abwanderungsgefährdete „Kunden" gehalten bzw. zurückgewonnen werden sollen (Wiedergewinnung, *Recovery*).

☐ **Merksatz**

> Maßnahmen im Marketing werden nie allein und isoliert durchgeführt. Zur Erreichung der strategischen Ziele ist immer ein Maßnahmenbündel erforderlich. In diesem Zusammenhang wird von einem *Marketing-Mix* gesprochen.

Die Maßnahmenplanung umfasst generell die Festlegung einzelner Aktionen zum Erreichen der Ziele des Standorts auf sehr hohem Detaillierungsgrad. Die konkreten Maßnahmen zur Umsetzung des Standortmarketing-Konzepts können nur eingeschränkt „von oben herab" und isoliert geplant und durchgesetzt werden. Es muss ein organisatorisch vernetztes Umfeld (eine kooperative Trägerschaft) eingerichtet werden, in dem alle regionalen Akteure ihre Interessen, Anliegen und Forderungen im Sinne der Leitbilder des Standorts einbringen können. Als Grundlage für Maßnahmen des Standortmarketing soll die folgende Systematisierung dienen (vgl. auch Manschwetus 1995, S. 286f.; Schnurrenberger 2000, S. 242ff.).

Standort-Leistungspolitik

☐ **Merksatz**

> Die Standort-Leistungspolitik umfasst die klassischen Aufgaben der Produkt- und Preispolitik des Marketing bezogen auf die Standortvermarktung.

Insgesamt handelt es sich um Maßnahmen der Bereitstellung von marktrelevanten Standortleistungen (z.B. Beratung, Grundstücke), der Verbesserung der allgemeinen und spezifischen Standortqualität und der Festlegung standortbedingter Preise (z.B. Gewerbesteuersatz, Gebühren) und Subventionen. Dazu gehören u.a.:

- Beratungsangebote,
- Infrastrukturbereitstellung,
- Flächenbewirtschaftung und -erschließung,
- Erhöhung der Effektivität der Verwaltung,
- finanzielle Förderung und
- Festlegung von Gewerbesteuersätzen und Gebühren.

Aufgabe der Leistungspolitik ist es, dem Standort ein attraktives Leistungsprofil zu geben und ihn als Qualitäts- bzw. Markenprodukt zu profilieren. Die Leistungspolitik bestimmt letztendlich den Nutzen (*Customer Value*), den ein Standortnachfrager aus einem Investment zieht. Damit bestimmt dieser Maßnahmenbereich ganz wesentlich die Wettbewerbsfähigkeit des Standortes. Die Leistungspolitik hat sich an den Bedürfnissen und Ansprüchen der Zielgruppen zu orientieren, um ihnen ein attraktives und konkurrenzfähiges Angebot machen zu können. Wettbewerbsrelevante regionale Stärken müssen durch den Einsatz von Ressourcen aufrechterhalten und verteidigt werden, und regionale Schwächen müssen strategisch zu Stärken ausgebaut werden.

Standort-Kommunikationspolitik

☐ **Merksatz**

> Die Standort-Kommunikationspolitik umfasst alle Maßnahmen eines Standortes, die dazu dienen, den Standort und seine Leistungen den relevanten Zielgruppen positiv darzustellen. Kommunikation dient allgemein der Übermittlung von Informationen, Bedeutungsinhalten und Bewertungen zum Zweck der zielorientierten Beeinflussung von Überzeugungen, Einstellungen, Erwartungen und Verhaltensweisen innerhalb der Zielgruppen unter Einsatz von technischen Hilfsmitteln (Medien).

Grundlage einer erfolgreichen Kommunikation ist das sog. Kommunikationsmodell von Lasswell: *„Wer sagt was über welchen Kanal zu wem (Who says what in which channel to whom and with what effect?"* (vgl. Abb. 44).

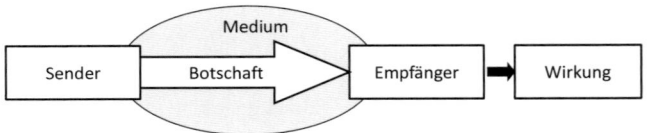

Abb. 44: Das *Lasswell'sche* Kommunikationsmodell

Der Sender (Kommunikator: Standortkommunikation) muss vertrauenswürdig, glaubwürdig, sympathisch und der Zielgruppe möglichst ähnlich erscheinen, um seine Botschaft wirkungsvoll dem Empfänger (Standortinteressierte aus Zielgruppen) vermitteln zu können. Die Botschaft selbst (Kommunikationsinhalte) sollte so gestaltet sein, dass sie Aufmerksamkeit erregt (*Attention*), prägnant und verständlich wahrgenommen werden kann und möglichst das Interesse des Standortnachfragers anspricht. Insbesondere sollte das Besondere des Standortes bzw. der Standortleistung angesprochen werden. Je nachdem, wie aktiv sich ein Umworbener mit der Botschaft auseinandersetzt, spricht man von einer *Low Involvement*- (beiläufige Wahrnehmung der Botschaft) und einer *High Involvement*-Situation (aktive Auseinandersetzung mit der Botschaft). In Abhängigkeit dieser beiden Situationen muss die Botschaft gestaltet werden, um Wirkung zeigen zu können. Es können drei Wirkungskategorien unterschieden werden: die

- Informationswirkung (Informationen werden wahrgenommen),
- Beeinflussungswirkung und
- Vermittlungswirkung der Kommunikation.

Eine Beeinflussungswirkung stellt sich ein, wenn positive Meinungen in der Zielgruppe verstärkt, Überzeugungen vermittelt und das Interesse innerhalb der Zielgruppe auf den Standort gelenkt werden kann. Von einer Vermittlungswirkung der Kommunikation wird gesprochen, wenn „Bilder" vom Standort wie z.B. die „kreativste Stadt" oder die „Region der Frühaufsteher" (Kampagne in Sachen-Anhalt) innerhalb der Zielgruppe vermittelt werden können.

Die Medienauswahl ist so zu treffen, dass möglichst viele einer Zielgruppe erreicht werden können. Hinsichtlich der mit der Botschaft zu erzielenden Wirkung sind vorab Kommunikationsziele zu definieren. Da Kommunikation in der Regel nicht alleine das letztendlich gewünschte Verhalten (z.B. eine positive Investitionsentscheidung) bewirkt, sondern diese Wirkung auf viele einzelne Maßnahmen zurückgeführt werden kann, ist es für die Kommunikation sinnvoll, sog. psychologische Kommunikationsziele zu definieren (z.B. Verbesserung von Image oder Einstellungen). Ziele der Standortkommunikation sind hauptsächlich die

- Erhöhung des Bekanntheitsgrades des Standortes,
- Vermittlung von Informationen,
- Schaffung eines positiven Standortimages,
- Schaffung von Interesse für den Standort durch Information der Zielgruppen über Leistungspotenziale des Standortes,
- das Erzeugen von Präferenzen (Markenkommunikation), und die
- Stimulanz der Kontaktaufnahme.

Neben den Medien (Massenkommunikationsmittel) sind insbesondere persönliche, dialogische und verhandlungsorientierte Kommunikationsformen im Standortmarketing einzusetzen. Persönliche Kommunikation erzielt in der Regel eine höhere Wirkung als die Massenkommunikation. Folgende Kommunikationsformen können eingesetzt werden:

- Massenkommunikation (Werbung, Plakate, Broschüren, Internet),
- Öffentlichkeitsarbeit und Public Relations (PR),
- Messen und Ausstellungen,
- Veranstaltungen (Tagungen, spezielle Events etc.),
- persönliche Kommunikation (Auskünfte, Beratungsgespräche, Verhandlungen).

Insbesondere beim Kundenkontakt ist die persönliche Kommunikation von zentraler Bedeutung. Sie findet in *Face-to-Face-Situationen* statt und erfüllt eine Vielzahl von Funktionen, die gerade für das Standortmarketing eine hohe Bedeutung haben (vgl. Bruhn 2012, S. 241).

Es kann noch zwischen der einstufigen und der mehrstufigen Kommunikation unterschieden werden. Bei der einstufigen Kommunikation werden Mitglieder der Zielgruppen direkt, d.h. ohne

Zwischenschaltung von sog. Kommunikationsagenten (z.B. Experten oder Meinungsführer), angesprochen. Die mehrstufige Kommunikation verläuft über die Ansprache von solchen Kommunikationsagenten, die dann die empfangene Botschaft auch innerhalb der Zielgruppe weiter verbreiten (vgl. Homburg 2012, S. 747f.). Meinungsführer übertragen Botschaften der Massenmedien in persönliche Kommunikation. Sie sind die „Schaltstellen" der Kommunikation in Gruppen. Es handelt sich hier häufig um Personen mit zahlreichen sozialen Kontakten und spezifischen Expertisen.

Im Vergleich zu den klassischen Printmedien und dem Fernsehen hat die Bedeutung des Internets als Medium und damit verbunden der Social Media-Kommunikation rasant zugenommen. Besonders vorteilhaft ist die Weiterentwicklung des Internets vom so genannten Web 1.0 zum Web 2.0. Dadurch sind auch dialogische Kommunikationsformen möglich geworden.

☐ **Praxis**

> So hat die Standortwerbung für Brandenburg den *Brandenburg Business Guide* (🔗 www.brandenburg-business-guide.de) eingerichtet, der als interaktive Landkarte des Wirtschaftsstandortes funktioniert und Daten, Texte und Bilder mit Kartenmaterial verbindet.

Aufgrund der Vielzahl der zur Verfügung stehenden kommunikationspolitischen Instrumente und Kommunikationsmedien bzw. -kanäle einerseits und ausdifferenzierter Zielgruppen andererseits ist ein integriertes Kommunikationskonzept für Standorte zu empfehlen (Bruhn 2012, S. 242ff.). Um ein diffuses, nebulöses, unklares oder sogar widersprüchliches Erscheinungsbild des Standortes zu vermeiden, sollten die Kommunikationsinstrumente inhaltlich (thematische Abstimmung durch einheitliche Slogans, Argumentationslinien etc.) und formal (Einhaltung formaler Gestaltungsprinzipien wie durch Verwendung einheitlicher Zeichen und Logos, Schrifttypen, Farben etc.) aufeinander abgestimmt sein. Nur so kann kommunikationspolitisch eine strategische Positionierung des Standorts unterstützt werden.

Standort-Kunde-Beziehungspolitik

☐ **Merksatz**

> Die Standort-Kunde-Beziehungspolitik umfasst alle wesentlichen Bereiche der Akquisition, Betreuung und Beratung von ansiedlungswilligen und angesiedelten Unternehmen im direkten Kontakt.

Überwiegend sind die regionalen Wirtschaftsfördergesellschaften in diesem Bereich tätig. Ziel der Kundenbeziehungspolitik ist die Schaffung und Aufrechterhaltung profitabler Geschäftsbeziehungen. Das Beziehungsmarketing rückt damit ab von der Sichtweise, den Geschäftsakt als eine isolierte Episode mit definiertem Anfang und Ende zu betrachten. Stattdessen wird ein „Kaufkreislauf" bzw. ein Kundenlebenszyklus unterstellt. Kundenbeziehungen enden nach diesem Ansatz nicht mit dem Abschluss eines Geschäfts, sondern es schließt sich eine Geschäftsbeziehung an. Wettbewerbsvorteile sind insbesondere durch Aktivitäten in der Nachgeschäftsphase (Nachkaufmarketing, *After-Sales-Service, Kundenbetreuung*) mit dem Ziel, dauerhafte Geschäftsbeziehungen einzugehen, zu erreichen.

6.2 Maßnahmen zur Standortprofilierung

Ansatzpunkte für Maßnahmen zur Standortprofilierung lassen sich aus der Standortanforderungs-Standorteignungs-Matrix ableiten (vgl. Abb. 16). Diese Matrix dient zur Identifikation unterschiedlicher relevanter Leistungsbereiche eines Standortes und deren Einschätzung bei den Zielgruppen. Danach wird ein Attraktivitäts-, Problem-, Luxus- und Peripherbereich unterschieden. Diesen Positionen bzw. Bereichen können vier Maßnahmenfelder zugeordnet werden, so dass innerhalb dieser Felder unterschiedliche Maßnahmenbündel geplant und umgesetzt werden können (Abb. 45).

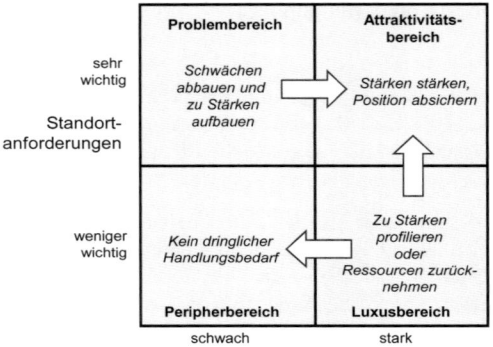

Abb. 45: Generelle Handlungsfelder zur Maßnahmenplanung

Der Attraktivitätsbereich repräsentiert die zentralen Wettbewerbsvorteile eines Standortes (*Unique Local Propositions*). Diese Position gilt es, mit allen vorhandenen Mitteln zu halten und mit den erforderlichen Ressourcen abzusichern. Angesprochen ist hier in erster Linie die Leistungspolitik, die wettbewerbsfähige Standortleistungen bereitstellt. Aber auch kommunikationspolitische Maßnahmen werden erforderlich sein, damit dieses Leistungspotenzial auch von den Zielgruppen wahrgenommen wird. Eine zentrale Bedeutung im Standortmarketing kommt den Problemfaktoren zu, insbesondere dann, wenn ein Standort keine oder nur wenige Attraktivitätsfaktoren besitzt. Die Empfehlung in diesem Maßnahmenfeld lautet: *„Schwächen abbauen und zu Stärken ausbauen"*. Angestrebt wird also eine Positionsverschiebung in horizontaler Richtung von links nach rechts. Diese Positionsverschiebung einzelner, als Schwachstellen von den Nachfragern wahrgenommene Standortfaktoren lässt sich in zweierlei Weise erreichen. Stimmt die subjektive Einschätzung des Nachfragers mit den objektiven Gegebenheiten am Standort überein, d.h., der Nachfrager beurteilt die Schwächen des Standortes richtig, dann müssen Maßnahmen der Leistungspolitik diese Schwachpunkte beheben (z.B. Bereitstellung notwendiger Infrastrukturleistungen). Ist eine schlechte Bewertung bestimmter Standortfaktoren allerdings durch subjektive Wahrnehmungs- und Urteilsverzerrungen zu erklären, d.h., die Nachfrager urteilen objektiv falsch, so ist dies ein Bereich, der kommunikationspolitisch bearbeitet werden muss. Mit Hilfe kommunikativer Maßnahmen muss diese Falschwahrnehmung bei den Nachfragern korrigiert werden.

Im Luxusbereich befinden sich Standortstärken, die von den Nachfragern allerdings als nicht sehr wichtig bzw. wettbewerbsrelevant angesehen werden. Hier gibt es zwei Handlungsrichtungen. Zum einen kann über kommunikationspolitische Maßnahmen versucht werden, eine Um- bzw. Höherbewertung dieser Standortfaktoren bei der Zielgruppe zu erreichen (Stärkenprofilierung). Wird dieser Weg z.B. wegen zu geringer Erfolgswahrscheinlichkeit nicht eingeschlagen, so müsste dann zum anderen über eine Zurücknahme des betreffenden Leistungspotenzials nachgedacht werden, wenn die Aufrechterhaltung nur mit erheblichen Ressourcen möglich ist (Vermeidung von *Overspending*). Eine generelle Handlungsempfehlung für den Fall der Peripherfaktoren ist kaum möglich. Hier stellt sich kein dringender Handlungsbedarf ein.

6.3 Maßnahmen der Wirtschaftsförderung

Bestandspflege

☐ **Merksatz**

Traditionell umfasst Wirtschaftsförderung die Aufgabenbereiche Unternehmensansiedlungen, Bestandspflege und Existenzgründungen.

☐ **Praxis**

In der Studie des *Deutschen Städte- und Gemeindebundes* (DStGB 2008) gaben die Städte und Gemeinden als „sehr wichtig" die Bestandspflege mit 70%, die Unternehmensansiedlungen mit 62% und die Existenzgründungen mit 20% der Nennungen an. Danach ist die Bestandspflege als das wichtigste Aufgabenfeld der Wirtschaftsförderung anzusehen. In derselben Studie wurden als wichtigste Tätigkeitsfelder die Vermittlung von Gewerbe- und Industrieflächen, das Standortmarketing, Entwicklung von Gewerbe- und Industrieflächen, Einzelhandelsentwicklung, Stadtmarketing und die Verbesserung der wirtschaftsnahen Infrastruktur genannt. Nach einer neueren Studie des *Deutschen Instituts für Urbanistik* (Difu 2012, S. 5) rückt das Themenfeld Mangel an Fach- und Führungskräften in der Wichtigkeit deutlich nach vorn. Auch die Clusterpolitik spielt in Großstädten eine wichtige Rolle.

☐ **Praxis**

Berlin hat sich 2010 einen *Masterplan Industriestadt Berlin 2010-2020* gegeben (Berlin 2012). In mehrjähriger Arbeit und unter Beteiligung zahlreicher Standortakteure aus Wirtschaft, Wissenschaft, Politik, Verwaltung und Gewerkschaften wurden Maßnahmen, Ziele und Projekte in den vier Aktionsfeldern „Rahmenbedingungen", „Innovationen", „Fachkräfte" und

„Standortkommunikation" definiert. Bei den Rahmenbedingungen geht es auch um die Schaffung guter Finanzierungsmöglichkeiten, um Innovationen durch Kooperationen mit den Universitäten, um den Aufbau attraktiver Arbeitsplätze für Fachkräfte und darum, mit der Standortkommunikation das Selbstverständnis Berlins als Industriestadt zu stärken (Berlin 2012).

Unternehmensansiedlung (Akquisition)

Der Maßnahmeneinsatz sollte sich an der Phase der jeweiligen Geschäftsbeziehung orientieren (Abb. 46). Auf der ersten Ebene sollte eine Geschäftsbeziehung danach unterschieden werden, ob es sich um ein zu akquirierendes Unternehmen handelt (Akquisitionsphase) oder um ein ansässiges Unternehmen (Bindungsphase). Für die Akquisitionsphase bietet sich das Phasenschema der Standortentscheidung als weitere Phasenunterteilung für zu treffende Maßnahmen an. Die Abb. 46 gibt an, welche Maßnahmen das Standortmarketing in welchen Entscheidungsphasen des Standortmarketing verfolgen kann bzw. sollte.

Entscheidungsphase im Unternehmen	Maßnahmen des Standortmarketing
Standortprobleme	Bekanntheit schaffen, Image profilieren, Kontakt suchen
Standortsuche	Aufmerksamkeit auf den Standort lenken, Standortsuchende identifizieren, ansprechen und Interesse wecken
Standortbewertung	Beratung, Lieferung von Informationen, Überzeugung
Entscheidung	Unterstützung (coachen), professionell Verhandlungen führen, Umsetzungsbegleitung

Abb. 46: Entscheidungsphasen und Maßnahmeninhalte

6 Maßnahmen des Standortmarketing

☐ **Praxis**

Das folgende Beispiel der Abb. 47 zeigt einen typischen Ablauf einer Standortentscheidung. Die sog. Longlist ist eine erste Zusammenstellung aller potenziell für das Investment in Frage kommenden Standorte. Diese Liste ist die Basis für den dann folgenden, in der Regel sukzessiven Auswahlprozess. Die Shortlist enthält dann nur noch die Standorte, die in die engere Auswahl genommen und für die umfangreiche Prüfungen vorgenommen werden.

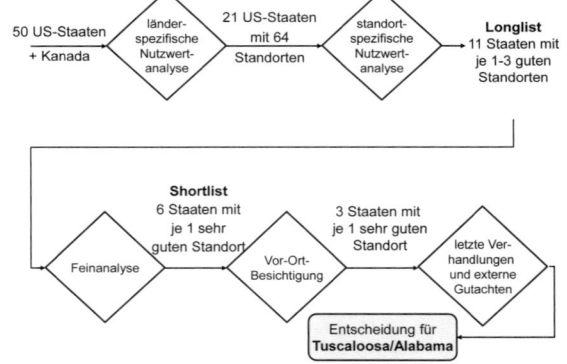

Abb. 47: Ablaufdiagramm der Standortwahl für das „MPV" (Multi Purpose Vehicle)-Projekt von Mercedes-Benz in den USA
Quelle: Renschler 1995, S. 49

Ein Standort, der nicht in der Longlist enthalten ist, wird auch nicht berücksichtigt. Deshalb ist es sehr wichtig, das Standortmarketing-Konzept so anzulegen, dass Maßnahmen geplant werden, den Standort möglichst breit bekannt zu machen, ihn mit einem guten, griffigen Image auszustatten. Nur dann darf erwartet werden, dass der Standort als möglicher Kandidat in der „langen Liste" erscheint. Ein Standort muss im *Consideration Set* der standortsuchenden Entscheider verankert sein.

Nur bekannte und attraktive Standorte werden im professionellen Standortauswahlprozess von Unternehmen Berücksichtigung finden. Hierzu können Werbeanzeigen in geeigneten und insbesondere als glaubwürdig empfundenen Massenmedien eingesetzt werden. Standorte in Deutschland, die international kaum bekannt sind, könnten vom guten Image Deutschlands in einigen Ländern und Regionen der Welt profitieren.

☐ Praxis

> So schätzen 81% der erwachsenen US-Amerikaner nach einer Gallup-Umfrage aus dem Frühjahr 2014 Deutschland überwiegend positiv ein. Das ist nach Kanada und dem Vereinigten Königreich der dritte Platz (Gallup 2014). Die Stadt Hamburg hat ein internationales Netzwerk, die ehrenamtlichen HamburgAmbassadors, eingerichtet, durch das die Bekanntheit der Stadt weltweit weiter gesteigert werden soll.

Als Medien kommen sowohl die klassischen Printmedien als auch mit zunehmender Bedeutung das Internet in Frage. Neben den Möglichkeiten der Massenkommunikation sollte insbesondere der persönliche Kontakt zu potenziellen Standortkunden gesucht werden. Dies können z.B. Botschaften, Politiker auf Auslandsreisen und Außenhandelskammern übernehmen. Auch themenspezifische Tagungen, Messen, Events und sonstige geeignete Veranstaltungen können in der Lage sein, den Standort *„ins Gespräch zu bringen"*. Insgesamt können diese kommunikationspolitischen Maßnahmen relativ breit gestreut werden, da noch kein konkreter Kontakt erfolgt. Sie dienen im Wesentlichen zur Schaffung eines allgemeinen „Goodwill-Klimas".

Zur Aufnahme in die Longlist ist neben einem hohen Bekanntheitsgrad und einem guten Image erforderlich, zum richtigen Zeitpunkt beim Standortsuchenden präsent zu sein. Der Standort muss auf sich aufmerksam machen, standortsuchende Unternehmen kompetent und glaubwürdig informieren und Interesse für den Standort wecken (AIDA-Formel). Standortsuchende Unternehmen müssen möglichst frühzeitig identifiziert und zielgruppengenau angesprochen werden. Dazu können sowohl eigene Recherchen (Marktforschung) als auch die Dienste anderer Organisationen (z.B. Auslandskammern, DIHT) genutzt werden.

In der Regel werden Standorte in der Vorauswahl überwiegend anhand länderspezifischer (Makroauswahl) und weniger mittels standortspezifischer Merkmale (Mikroauswahl) bewertet (vgl. Beispiel „MPV-Projekt" Abb. 47). Aus diesem Grund sollten sich die Standort-Informationstätigkeiten hauptsächlich auf die Vorteile des „Standorts Deutschland" (Marktpotenzial, Produktivität, Infrastruktur, Arbeitsproduktivität etc.) beziehen. Als Akteure für diese Aufgabe kommen somit insbesondere Bundesbehörden und überregionale Stellen der Wirtschaftsförderung in Frage wie z.B. *Germany Trade & Invest*. Die auf der Basis eines Beschlusses eingesetzte *Germany Trade & Invest* kann als eine Wirtschaftsförderung der Bundesrepublik angesehen werden. Zu ihren Aufgaben gehört die Vermarktung des Wirtschafts- und Technologiestandortes Deutschland im Ausland sowie die Förderung der wirtschaftlichen Entwicklung der neuen Bundesländer, einschließlich Berlins (Germany Trade & Invest 2014).

Nach der Standort-Vorauswahl erfolgen bei den Unternehmen eine intensive Standortbewertung und ein Standortvergleich. Das Ergebnis ist dann eine nur einige wenige attraktive Standorte umfassende Shortlist. Spätestens zu diesem Zeitpunkt sollte eine Kontaktaufnahme des Standortmanagements mit den standortsuchenden Unternehmen erfolgen. Für die erste Kontaktaufnahme bietet sich das sog. *„One Face to the Customer"-Prinzip* an: Eine/ein Ansprecheinrichtung/ -partner auf Seiten des Standorts ist für alle Fragen und Probleme des potenziellen Investors zuständig. Insbesondere hat diese Einrichtung dafür zu sorgen, dass alle gewünschten Informationen des standortsuchenden Unternehmens schnell und kompetent bereitgestellt werden. Dieses Prinzip erfordert eine professionelle organisatorische Vernetzung aller Standortakteure.

In dieser Phase der konkreten Standortbewertung sind insbesondere die mit der Standortauswahl und -bewertung eingerichteten Projektteams der Unternehmen anzusprechen. Spätestens nach der Shortlisterstellung werden Mitarbeiter des standortsuchenden Unternehmens den Standort Vor-Ort in Augenschein nehmen.

Diese Besuche sind aufs Gründlichste vom Standortmanagement vorzubereiten, da von diesem Ergebnis im Wesentlichen die letztendliche Entscheidung abhängt. Das beinhaltet einerseits die organisatorische Rahmenplanung (z.b. Abholservice, Hotelbuchung, Freizeitprogramm) und andererseits die konkreten Verhandlungen (z.b. Auswahl der Gesprächspartner, Präsentationen etc.). Verhandlungen müssen im Kontext eines professionell angelegten Verhandlungsmanagements durchgeführt werden.

Das Standortmarketing hört nicht mit einer (positiven) Standortentscheidung auf. Zumindest bis zum sog. „1. Spatenstich" sollten sich Standortakteure weiter um das anzusiedelnde Unternehmen kümmern. Insbesondere sind Hilfestellungen bei den vielfältig erforderlichen Planungs-, Genehmigungs- und Bewilligungsverfahren notwendig. Dazu gehören auch eine genaue Beratung und Unterstützung bei der Beantragung von Fördermitteln, die Überprüfung der Unterlagen vor Einreichung bis zur Durchführung einer Antragskonferenz und die Begleitung des Genehmigungsverfahrens („Verfahrens-Tracking") (Schnurrenberger 2000, S. 263ff.).

7 Resümee

Der globale Standortwettbewerb auf Käufermärkten macht für viele Regionen ein innovatives Standortmarketing-Konzept zur Entwicklung und Profilierung einer Region im internationalen Umfeld dringend notwendig. Der Ansatz des Standortmarketing kann helfen, den Prozess der wirtschaftlichen Konsolidierung einer Region zu beschleunigen, indem es regional verantwortlich Handelnden Wege aufzeigt, durch Professionalität und kooperatives Vorgehen einen Standort international wettbewerbsfähig zu machen. Am Standortmarketing müssen sich alle relevanten regionalen Akteure beteiligen und bereit sein, ihre Aktivitäten im Rahmen einer kooperativen Trägerschaft aufeinander abzustimmen sowie auf die gemeinsam vorgegeben Leitlinien und Ziele auszurichten. Insbesondere sind regionale Wirtschaftspolitik und kommunale Verwaltungen angesprochen, diesen Prozess zu fördern und Standortmarketing als innovativen Ansatz zu verstehen, die traditionelle politikzentrierte Regionalplanung durch einen kollektiven Willensbildungsprozess lokaler Akteure zu ergänzen und im Konzept eines Public Managements Verwaltungsstrukturen effizienter und effektiver sowie kunden- und serviceorientierter zu gestalten (Manschwetus 1995, S. 37f.). Das vorliegende Buch liefert die konzeptionellen Grundlagen zum Aufbau eines erfolgreichen Standortmarketing-Konzepts.

Literatur

Adler, J. (1994): Informationsökonomische Fundierung von Austauschprozessen im Marketing, Arbeitspapier zur Marketingtheorie, Trier 1994.

Andersen, P.H./Strandskov, J. (1998): International Market Selection: A Cognitive Mapping Perspective, Journal of Global Marketing, Vol. 11, 65–84.

Anderson, J.R. (1996): Kognitive Psychologie, 2. Aufl., Heidelberg u.a. 1996.

Babtista, R./Swann, P (1998): Do firms in cluster innovate more?, Research Policy, Vol. 27, No. 5, 525–540.

Backhaus, K./Erichson, B./Plinke, W./Weiber, R. (2011): Multivariate Analysemethoden, 13. Aufl., Berlin u.a. 2011.

Backhaus, K./Voeth, M. (2010): Industriegütermarketing, 9. Aufl., München 2010.

Balderjahn, I. (2000): Standort-Marketing, Stuttgart 2000.

Balderjahn, I. (2004): Markenpolitik für Städte und Regionen, in: Bruhn, M. (Hrsg.), Handbuch Markenartikel, 2. Aufl., Wiesbaden 2004, Band 3, 2357–2374.

Balderjahn, I./Aleff, H.-J. (1996): Die Wirtschaftsregion Brandenburg: Grundlagen für ein Standortmarketing, Potsdam 1996.

Balderjahn, I./Mennicken, C. (1994): Das Image von Potsdam aus der Sicht lokaler Unternehmer, Lehr- und Forschungsbericht Nr. 1, Lehrstuhl für Betriebswirtschaftslehre mit dem Schwerpunkt Marketing, Universität Potsdam 1994.

Balderjahn, I./Schnurrenberger, B. (1999): Kriterien internationaler Unternehmen zur Bewertung von Wirtschaftsstandorten, Lehr- und Forschungsbericht Nr. 12, Lehrstuhl für Betriebswirtschaftslehre mit dem Schwerpunkt Marketing, Universität Potsdam 1999.

Balderjahn, I./Scholderer, J. (2002): Benefit- und Life Style-Segmentierung. In: Albers, S./Herrmann, A. (Hrsg.), Handbuch Produkt-Management, 2. Aufl., Wiesbaden 2002, 267–288.

Balderjahn, I./Scholderer, J. (2007): Konsumentenverhalten, Stuttgart 2007.

Balderjahn, I./Specht, G. (2011): Einführung in die Betriebswirtschaftslehre, 6. Aufl., Stuttgart 2011.

Balderjahn, I./Will, S. (1998): Laddering: Messung und Analyse von Means-End Chains, Marktforschung und Management (M & M), 42. Jg., Heft 2, 68–71.

Bätzing, W. (2001): Zum Begriff und zur Konzeption von Region aus der Sicht der Geographie, in: Sturm, R. (Hrsg.), Die Region in Europa verstehen: Konzepte und Ideen in der wissenschaftlichen Debatte, Zentralinstitut für Regionalforschung, Arbeitspapier Nr. 4, Erlangen 2001.

Bea, F.X./Schweitzer, M. (2009): Allgemeine Betriebswirtschaftslehre, Bd. 1: Grundlagen, 10. Aufl., Stuttgart 2009.

Behrens, K.-Ch. (1961): Allgemeine Standortbestimmungslehre, Köln, Obladen 1961.

Benkenstein, M./Uhrich, S. (2009): Strategisches Marketing, 3. Aufl., Stuttgart u.a. 2009.

Berlin (Senatsverwaltung für Wirtschaft, Technologie und Forschung) (2012): Masterplan Industriestadt Berlin 2010–2020.

Bertelsmann Stiftung (Hrsg.)(2013): Die Bundesländer im Standortwettbewerb 2009/2010, Gütersloh 2013 (http://www.bertelsmannstiftung.de/cps/rde/xchg/bst/hs.xsl/publikationen_99421.htm).

Bieger, T./Scherer, R. (2003): Clustering und integratives Standortmanagement: Von einem theoretischen Konzept zu konkreten Handlungsstrategien, in: Scherer, R./Bieger, Th. (Hrsg.), Clustering – das Zauberwort der Wirtschaftsförderung, Bern u.a. 2003, 9–26.

Bleicher, K. (1994): Leitbilder, 2. Aufl., Stuttgart, Zürich 1994.

Bruhn, M. (2001): Die zunehmende Bedeutung von Dienstleistungsmarken, in: Köhler, R./Majer, W./Wiezorek, H. (Hrsg.), Erfolgsfaktor Marke, München 2001, 213–225.

Bruhn, M. (2012): Marketing, 11. Aufl., Wiesbaden 2012.

Bundesministerium für Bildung und Forschung (2014): Clusterdefinition (www.kooperation-international.de/clusterportal/info/clusterdefinition.html), 2014.

Cushman & Wakefield (2010): European Cities Monitor 2010, London 2010 (www.europeancitiesmonitor.eu/).

Demographia World Urban Areas (2014), 10th Edition March 2014, http://demographia.com/db-worldua.pdf

Deutscher Städte- und Gemeindebund (DStGB)(2008): Aufgaben, Organisation und Schwerpunkte der kommunalen Wirtschaftsförderung, Mainz 2008.

Deutsches Institut für Urbanistik (Difu) (2012): Difu-Berichte 4/2012, Berlin 2012.

Die Welt (2013): http://www.welt.de/finanzen/article116072531/Dax-Rallye-findet-ohne-die-Deutschen-statt.html.

Die Weltbank (2014): Doing Business Economy Rankings (www.doingbusiness.org/rankings)

Esch, F.-R./Herrmann, A./Sattler, H. (2013): Marketing, 4. Aufl., München 2013.

eurostat (2014): Metropolregionen, http://epp.eurostat.ec.europa.eu/portal/page/portal/region_cities/metropolitan_regions.

Focus-Online (2008): Städteranking. Die teuerste Stadt der Welt, (http://www.focus.de/immobilien/kaufen/tid-11601/staedteranking-die-teuerste-stadt-der-welt_aid_327570.html).

Focus-Online (2008): Städteranking: Die TOP-Metropolen der Welt, www.focus.de/immobilien/kaufen/tid-11601/staedteranking-die-top-metropolen-der-welt_aid_327540.html.

Gallup 2014: www.gallup.com/poll/1624/perceptions-foreign-countries.aspx.

Germany Trade & Invest (2014): www.gtai.de/GTAI/Navigation/DE/Meta/ueber-uns.html.

GfK (Gesellschaft für Konsumforschung) (2013): Pressemitteilung: Berlins Image nur bei Deutschen und Russen top (http://www.gfk.com/de/news-und-events/presse/pressemitteilungen/seiten/berlins-image-nur-bei-deutschen-und-russen-top.aspx).

Grabow, B./Henckel, D./Hollbach-Grömig, B. (1995): Weiche Standortfaktoren, Stuttgart u.a. 1995.

Gubler, R.E./Möller, C. (2006): Standortmarketing: Konzeption, Organisation und Umsetzung, Bern u.a. 2006.

Hammann, P. (1995): Kommunales und regionales Marketing, in: Tietz, B./Köhler, R./Zentes, J. (Hrsg.), Handwörterbuch des Marketing, 2. Aufl., 1995, 1166ff.

Handelsblatt (2013): http://www.handelsblatt.com/unternehmen/management/strategie/umsatzranking-welche-dax-konzerne-ihr-geld-im-ausland-verdienen/8843716.html?slp=false&p=7&a=false#image.

Hansmann, K.W. (1974): Entscheidungsmodelle zur Standortplanung der Industrieunternehmen, Wiesbaden 1974.

Häußermann, H. (1993): Neue Politikformen in der Stadt- und Regionalforschung, in: Lucas, R. (Hrsg.), Regionalentwicklung zwischen Stadtmarketing und Risikomanagement, Institut für ökologische Wirtschaftsforschung (IÖW), Schriftenreihe Nr. 67, Berlin, Wuppertal 1993, 6–18.

Hinterhuber, H.H./Lauda, K./Matzler, K./Schatz, D. (1994): Strategische Standortplanung – Eine Fallstudie aus der Bekleidungsbranche, Journal für Betriebswirtschaft, 44. Jg., 102–113.

Holtbrügge, D./Welge, K.M. (2010): Internationales Management, 5. Aufl., Stuttgart 2010.

Homburg, C. (2012): Marketingmanagement, 4. Aufl., Wiesbaden 2012.

Hungenberg, H. (2011): Strategisches Management in Unternehmen, 6. Aufl., Wiesbaden 2011.

Huttenloher, T. (2006): Das Clusterkonzept im Standortmarketing der Bundesländer, Dissertation, Potsdam 2006.

IMD (2013): The World Competitive Yearbook, Lausanne (http://www.imd.org/wcc/wcy-world-competitiveness-yearbook).

Initiativkreis Europäische Metropolregionen in Deutschland (IKM) (2013): Governance-Modelle der Europäischen Metropolregionen in Deutschland im Überblick, Stuttgart 2013. (www.deutsche-metropolregionen.org)

Institut der Deutschen Wirtschaft (2012): Städteranking 2012, Köln 2012 (www.insm-wiwo-staedteranking.de/downloads/endbericht_staedteranking_2012.pdf).

Kahlenborn, W./Dierkes, M./Krebsbach-Gnath, C./Mützel, S./Zimmermann, K.W. (1995): Berlin – Zukunft aus eigener Kraft. Ein Leitbild für den Wirtschaftsstandort Berlin, Berlin 1995.

Keim, H.-D./Busch, P. (1993): Stadt 2000 – Metropolen- und Großstadtentwicklung, Friedrich-Ebert-Stiftung, Reihe Eurokolleg 26, Bonn 1993.

Kinkel, S. (2008): Neue Erkenntnisse zu Produktionsverlagerungen und Implikationen für strategisch fundierte Standortentscheidungen, Fraunhofer-Institut für System- und Innovationsforschung (ISI), Karlsruhe 2008.

Kinkel, S./Maloca, S. (2009): Produktionsverlagerung und Rückverlagerung in Zeiten der Krise, Mitteilungen aus der ISI-Erhebung, Ausgabe 52, Faunhofer ISI 2009.

Kinkel, S./Zanker Ch. (2007): Globale Produktionsstrategien in der Automobilzulieferindustrie: Erfolgsmuster und zukunftsorientierte Methoden zur Standortbewertung, Berlin u.a. 2007.

Kirchgeorg, M. (2002): Aufbau und Gestaltung von Regionenmarken, in: Meffert, H./Burmann, Ch./Koers, M. (Hrsg.), Markenmanagement, Wiesbaden 2002, 375–400.

Knutz, Th./Nischwitz, G. (2011): Bestandsaufnahme regionaler Raumbeobachtungs- und Monitoringsysteme, in: Regionalmonitoring der Europäischen Metropolregionen in Deutschland, Fachtagung zu regionalen Messkonzepten am 26./27. Mai 2011 in der Metropole Nordwest, Bremen 2011, 22–71.

Köhler, R. (2001): Erfolgreiche Markenpositionierung angesichts zunehmender Zersplitterung von Zielgruppen, in: Köhler, R./Majer, W./Wiezorek, H. (Hrsg.), Erfolgsfaktor Marke, München 2001, 45–59.

Kotler, Ph./Haider, D./Rein, I. (1995): Standortmarketing, Düsseldorf 1995.

Kreikebaum, H./Gilbert, D.U./Behnam, M.: Strategisches Management, 7. Aufl., Stuttgart 2011.

Kroeber-Riel, W./Gröppel-Klein, A. (2013): Konsumentenverhalten, 10. Aufl., München 2013.

Lalli, M./Plöger, W. (1991): Corporate Identity für Städte, Marketing ZFP, 13. Jg., 237–248.

Lucas, R. (1993): Stadtregionen im Wettbewerb – von der Strukturpolitik zur Standortmodernisierung, in: Lucas, R. (Hrsg.), Regionalentwicklung zwischen Stadtmarketing und Risikomanagement, Institut für ökologische Wirtschaftsforschung (IÖW), Schriftenreihe Nr. 67, Berlin, Wuppertal 1993, 59–75.

Lüder, K./Küpper, W. (1983): Unternehmerische Standortplanung und regionale Wirtschaftsförderung. Eine empirische Analyse zum Standortverhalten industrieller Großunternehmen, Göttingen 1983.

Lutzky, N. (1994): Standortmarketing und Ansiedlungsakquisition für europäische Metropolen, in: Iglhaut, J. (Hrsg.), Wirtschaftsstandort Deutschland mit Zukunft, Wiesbaden 1994, 88–101.

Macharzina, K./Wolf, J. (2010): Unternehmensführung, 7. Aufl., Wiesbaden 2010.

Maly, U. (1991): Wirtschaft und Umwelt in der Stadtentwicklungspolitik, Wiesbaden 1991.

Manschwetus, U. (1995): Regionalmarketing, Wiesbaden 1995.

Meffert, H. (1989): Städtemarketing – Pflicht oder Kür, Planung und Analyse, 16. Jg., 273–280.

Meffert, H./Bruhn, M. (2012): Dienstleistungsmarketing, 7. Aufl., Wiesbaden 2012.

Meffert, H./Burmann, C./Kirchgeorg, M. (2012): Marketing, 11. Aufl., Wiesbaden 2012.

Meffert, H./Burmann, C./Koers, M. (2005): Stellenwert und Gegenstand des Markenmanagements, in: Meffert, H./Burmann,

Ch./Koers, M. (Hrsg.), Markenmanagement, 2. Aufl., Wiesbaden, 3–15.

Müller-Stewens, G./Lechner, Ch. (2011): Strategisches Management, 4. Aufl., Stuttgart 2011.

Nieschlag, R./Dichtl, E./Hörschgen, H. (1994): Marketing, 17. Aufl., Berlin 1994.

Pausenberger, E. (1994): Die Standortpolitik internationaler Unternehmen, in: Pausenberger, E. (Hrsg.), Internationalisierung von Unternehmungen, Stuttgart 1994, 47–71.

Pieper, M. (1994): Das interregionale Standortverhalten der Industrie in Deutschland, Göttingen 1994.

Porter, M.E. (1989): Der Wettbewerb auf globalen Märkten: Ein Rahmenkonzept, in: Porter, M.E. (Hrsg.), Globaler Wettbewerb, Wiesbaden 1989.

Porter, M.E. (1992): Wettbewerbsstrategie, 7. Aufl., Frankfurt 1992.

Porter, M.E. (1993): Nationale Wettbewerbsvorteile, Wien 1993.

Porter, M.E. (1998): Clusters and Competition, in: Porter, M.E. (ed.), On Competition, Boston 1998, 197–271.

Porter, M.E. (2000): Wettbewerbsvorteile, 6. Aufl., Frankfurt a.M. 2000.

Porter, M.E. (2003): Locations, Cluster, and Company Strategy, in: Clark, G.L./Gertler, M.S./Feldman, M.P. (Hrsg.), The Oxford Handbook of Economic Geography, Oxford University Press, Chapter 13, 2003.

Prognos (2010): Zukunftsatlas 2010, (www.prognos.com/Zukunftsatlas-2010-Regionen.753.0.html).

Promberger, K./Bernhart, J./Gander, H. (2008): Attraktivität des Wirtschaftsstandortes Südtirol, Bozen 2008.

Renschler, A. (1995): Standortplanung für Mercedes-Benz in den USA, in: Gassert, H./Horváth, P. (Hrsg.), Den Standort richtig wählen, Stuttgart 1995, 37–54.

Reuter, U./Zeugner, S./Burr. W (2008): Methodische Unterstützung von Standortentscheidungen – Entwicklung, Implementierung und Evaluation, in: Reuter, U./Zeugner, S./Burr, W.

(Hrsg.), Multikonferenz Wirtschaftsinformatik, MKWI 2008, München, 26.2.2008 – 28.2.2008, Proceedings, 787–798.

Ronneberger, K./Noller, P. (1994): Globalisierte Ökonomie und regionale Identität: Neue Dienstleister, in: Wentz, M. (Hrsg.), Die Zukunft des Städtischen, Frankfurt, New York 1994, 26–33.

Rossi, A./Steiger, C. (1994): Die Attraktivität des Züricher Wirtschaftsraumes, Zürich 1994.

Scheuch, F. (2003): Marketing für Regionen: Vom Grätzelfest zur Zielregion, der markt, 42. Jg., Nr. 164, 45–57.

Schiele, H. (2003): Der Standort-Faktor: Wie Unternehmen durch regionale Cluster ihre Produktivität und Innovationskraft steigern, Weinheim 2003.

Schierenbeck, H./Wöhle, C. B. (2012): Grundzüge der Betriebswirtschaftslehre, 18. Aufl., München 2012.

Schleusener, M. (2002): Identitätsorientierte Markenführung bei Dienstleistungen, in: Meffert, H./Burmann, Ch./Koers, M. (Hrsg.), Markenmanagement, Wiesbaden 2002, 263–289.

Schmalen, H./Pechtl, H. (2013): Grundlagen und Probleme der Betriebswirtschaft, 15. Aufl., Stuttgart 2013.

Schneider, U. (1994): Die Stadt als Unternehmung – ein Weg aus der Krise, Uni-Magazin Forschung, Heft 1, Hannover 1994, 30–34.

Schnurrenberger, B. (2000): Standortwahl und Standortmarketing, Dissertation an der Wirtschafts- und Sozialwissenschaftlichen Fakultät der Universität Potsdam, Potsdam 1999.

Schrader, E.F. (2001): Die Stadt als Marke, absatzwirtschaft, 44. Jg., 16–24.

Schwartz, H. (1982): Kommunale Strategien der Gewerbeerhaltung und -akquisition, Frankfurt/Main 1982.

Schweiger, G./Schrattenecker, G. (2013): Werbung, 8. Aufl., Stuttgart 2013.

Senatsverwaltung für Wirtschaft, Technologie und Frauen (2010): Masterplan Industriestadt Berlin 2010–2020, Berlin 2010.

Sölvell, O./Lindqvist, G./Ketels, C. (2003): The Cluster Initiative Greenbook, TCI Global Conference, Gothenburg, September 2003.

Spieß, S. (1998): Marketing für Regionen, Wiesbaden 1998.

Spiller, H.J. (1994): Der Standort – von außen gesehen, in: Iglhaut, J. (Hrsg.), Wirtschaftsstandort Deutschland mit Zukunft, Wiesbaden 1994, 135–140.

Stauss, B. (2001): Markierungspolitik bei Dienstleistungen – Die „Dienstleistungsmarke", in: Bruhn, M./Meffert, H. (Hrsg.), Handbuch Dienstleistungsmanagement, 2. Aufl., Wiesbaden 2001, 549–571.

Tomczak, T./Brockdorff, B. (2000): Bedeutung und Besonderheiten des Markenmanagements für Dienstleistungen, in: Belz, C./Bieger, T. (Hrsg.), Dienstleistungskompetenz und innovative Geschäftsmodelle, St. Gallen 2000, 486–502.

Töpfer, A. (1996): Gemeinsames Handeln als Chance zur Positionierung: 10 Grundsätze für das Marketing einer Region, in: Aktion Münsterland e.V. (Hrsg.), Regionenmarketing in Deutschland, Dokumentation zum Symposium am 6. September 1995, 1996, 31–43.

Trommsdorff, V./Teichert, Th. (2011): Konsumentenverhalten, 8. Aufl., Stuttgart 2011.

van der Linde, C. (2003): The demography of cluster findings from the cluster-meta-study, in: Bröcker, J./Dohse, D./Soltwedel, R. (Hrsg.), Innovation clusters and interregional competition, Berlin 2003, 130–149.

Vernon, R. (1966): International Investment and International Trade in the Product Cycle, in: Quarterly Journal of Economics, Vol. 80, 190–207.

Volgmann, K. (2011): Auf dem Weg zur nationalen Metropole? – Entwicklung metropolitaner Funktionen im deutschen Städtesystem mit einem regionalen Messkonzept, in: Regionalmonitoring der Europäischen Metropolregionen in Deutschland, Fachtagung zu regionalen Messkonzepten am 26./27. Mai 2011 in der Metropole Nordwest, Bremen 2011, 72–87.

Weber, A. (1922): Über den Standort der Industrie, 1. Teil: Reine Theorie des Standortes, 2. Aufl., Tübingen 1922.

Weber, W./Kabst, R. (2009): Einführung in die Betriebswirtschaftslehre, 7. Aufl., Wiesbaden 2009.

Wimmer, F./Zerr, K. (1995): Regionalmarketing Mainfranken, München 1995.

Wimmer, F./Korndörfer, A. (1995): Imageanalyse Oberfranken – Basis eines regionalen Marketings für die Region Oberfranken, in: Institut für Entwicklungsforschung im ländlichen Raum Ober- und Mittelfranken e.V. (Hrsg.), Das Image Oberfrankens – neue Initiativen im Bereich des Regionalen Marketings, Kronach u.a. 1995, 23–62.

Wind, Y./Douglas, S.P./Perlmutter, H.V. (1973): Guidelines for Developing International Marketing Strategy, Journal of Marketing, Vol. 37, 14–23.

World Economic Forum (2013): Global Competitiveness Report 2013–2014, Genf (http://www3.weforum.org/docs/GCR2013-14/GCR_Rankings_2013-14.pdf.).

Zahn, K. (1994): Interregionaler Wettbewerb, in: Wentz, M. (Hrsg.), Die Zukunft des Städtischen, Frankfurt, New York 1994, 110–115.

Zeithaml, V.A. (1981): How Consumer Evaluation Processes Differ between Goods and Services, in: Donelly, J.H./George, W.R. (Hrsg.), Marketing of Services, AMA, Chicago, 186–190.

Stichwörter

Agglomerations
   -effekt 46
   -räume 15
AIDA-Formel 147
Akquisition 118
Alleinstellungsmerkmal 126
Anspruchsgruppen 42, 97, 104
   -analyse 97
Arbeitsteilung, internationale 17
Attraktivitätsfaktoren 67
Ballungszentren 18
Basisfaktoren 66
Begeisterungsfaktoren 66
Benchmarking 83
BERI 70
Best Practices 83
Bestandspflege 118
Beziehungsmarketing 73
Branchen-Lebenszyklus 44
Branchenstrukturanalyse 17
Branding 133
B-to-B-Marketing 53, 73
Business Mission 104
Buying Center-Konzept 53
Chancen-Risiken-Analyse 91

Checklisten 60, 70
City-Marketing 26
Cluster 17, 61
   -effekte 49
   -management 52
   -Netzwerke 49
   -politik 144
   -Theorie 47
Co-Branding 132
Confirmation/Disconfirmation-Paradigm 95
Consideration Set 146
Coopetition 52
Corporate
   Design-Manuals 134
   Social Responsibility 107
Customer
   Value 118
   -Relationship-Marketing 73
Dachmarke 29, 131
Destinationsmarketing 26
Dienstleistungs
   -marketing 31, 74
   -squalität 95
Diversity 17
Economies
   of Scale 48

of Scope 48
Erfahrungs-
  eigenschaften 127
Expatriates 54
Exportbasistheorie 46
Face-to-Face-
  Situationen 139
Fach- und Führungskräfte-
  Marketing 26
Führung 73
Gap-Analyse 111
Gateway-Funktion 15
General-Management 38
Geschäftsbeziehung(s) 33
  -management 73
Global Competitiveness
  Index 20
Globalisierung 16
Image
  s.a. Standortimage 88
  -analyse 88
IMD Scoreboard 20
Impact-Analyse 92
Intangibilität 31, 74, 127
Investitions
  -gütermarketing 74
  -verfahren 60
K.-o.-Kriterien 59
Kano-Modell 65
Käufermarkt 18, 74
Kommunikations
  -instrumente 79
  -modell 137, 138
  -politik 137
Kompentenz
  -felder 116
  -Cluster 47
Konkurrenzanalyse 86
Konsumgütermarketing 74
Kulturmarketing 26
Kunden
  -beziehungspolitik 141
  -lebenszyklus 141
  -orientierung 26
Länderorientierung,
  ethnozentrische 40
  geozentrische 40
  polyzentrische 40
  regiozentrische 40
Länderorientierungen 40
Länderrisiko 70
Landesmarke 134
Lasswell´sches
  Kommunikationsmodell
  138
Leistungsfaktoren 66
Leistungspolitik 136
Leitbild(er) 33, 77
  -profilierung 107
Lieferantenketten 17
Local Content 62

-Vorschriften 43
Longlist 59
Luxusfaktoren 68
Makrostandorte 39
Marken
   -assoziationen 124
   -identität 131
   -politik 122
   -schema 124
   -strategie 131
   -organisation 33
Markt
   -segmente 117
   -segmentierung 117
   -segmentierungsstrategien 117
   -stimulierungsstrategie 119
Massenkommunikation 147
Medienauswahl 138
Metropolen 17
Metropolitanregionen 15
Milieus, innovative 49
Monitoring-Prozess 87
Netzwerk 17, 78
   -management 51
Nischenstrategie 120
Nutzwertanalyse 70
Offshoring 39

One Stop Agency 114
One-face-to-the-customer Prinzip 128
Organisationsmodelle 113
Peripherfaktoren 68
Place-Audit 83
Planung, strategische 79
Portfolio-Management 99
Problemfaktoren 68
Produkt
   -Markt-Kombination 10, 118
   -Markt-Matrix 118
Profilierungsstrategie 78, 116
Public Private Partnership 33, 114
Punktbewertungsmodelle 70
Qualitätsdimension 96
Quality of Living City Rankings 23
Rahmenfaktoren 96
Reputation des Standortes 92
Schlüsselinformationen 128
Scoringmodelle 70
SERVQUAL-Ansatz 95
Shared Values 104
Shortlist 60
Signaling 128

Skaleneffekte 13
Slogan 110
Social Media-Kommunikation 140
Soll-Anforderungen 70
Spillover-Effekte 48
St. Galler Management-Konzept 76
Städteranking 24
Stakeholder 97
   -Management 97
Standort
   -akteure 106
   -analyse 43, 76, 82
   -anbieter 34
   -anforderungen 61
   -anforderungs-Standorteignungs-Matrix 141
   -attraktivität 94
   -auswahl 60
   -bewertung 18, 56
   -bindungen 13
   -eignung 58, 61
   -entscheidungsprozesse 56
   -faktoren 25, 35
      harte 63
      weiche 63
   -felder 117
   -funktionen 17
   -Geschäftsfelder 81
   -image 25, 88
   -klassifikation 12
   -kommunikation 138
   -konfiguration 39
   -konzepte 42
   -Kostenführerschaft 119
   -kultur 108
   -Kunde-Beziehungspolitik 141
   -leistungen 31
   -leitbild 105
   -loyalität 93
   -marke 25, 122
   -märkte 26, 77
   -maßnahmen 103
   -nachfrager 34
   -optimierung 44
   -Portfolioanalyse 99
   -potenzialanalyse 83
   -problem 55
   -profil 31
   -profile 17
   -profilierung 116
   -prüfung 83
   -Qualitätsführerschaft 119
   -ranking 19
   -schema 40, 124
   -spaltung 39

-stärken 98
-strategien 44, 78
-suche 56, 59
-teilungen 13
-theorien 46
-visionen 104
-wahlverhalten 37
-wettbewerb 12
-wettbewerbskräfte 121
-ziele 103
-zielgruppen 80
-Zielsystem 112
-zufriedenheit 58, 94
Stärken-Schwächen
 -Analyse 84
 -Profil 84
Strategic Place Units 81
Sucheigenschaften 127
Supply Chain Management 17
SWOT-Analyse 33, 98
Tandemmarke 132
Trägerorganisationen 33
Transaktionsmarketing 73
Umfeldanalyse 91, 96
Unique Place Propositions 67, 116
Unternehmen, virtuelles 29
Unternehmensansiedlung 145

Value Added 42
Verkäufermärkte 73
Vertrauens- eigenschaften 127
Vor-Ort-Recherchen 58
Vulnerability Analyse 92
Weltbank 21
Wertkette 42
Wertschöpfung(s) 42
 -aktivitäten 13
 -analyse 42
 -einheiten 39
 -kette 47
Wettbewerbs- orientierung 26
Wirtschafts
 -förderung 144
 -region 18
 -standort 10, 12, 37
Ziel
 -beziehungen 111
 -gruppen 34
 -gruppenanalyse 92
 -hierarchien 112
 -lücke
  operative oder strategische 119
-system 111
Zukunfts
 -atlas 21
 -index 22

Das richtige Werkzeug für jedes Problem

Michael Nagel, Christian Mieke
BWL-Methoden
Handbuch für Studium und Praxis
1. Auflage
2014, 380 Seiten, Hardcover
ISBN 978-3-8252-8564-7

Die Betriebswirtschaftslehre hält zur Steuerung eines Unternehmens und seiner Bereiche geeignete Hilfsmittel bereit. Aber welche Werkzeuge oder Methoden sind tatsächlich bewährt und wirkungsvoll? Und welcher Ansatz eignet sich in welcher Situation und für welche Aufgabenstellung? Das Handbuch liefert die Antworten.

Die Autoren bieten eine Anleitung zur Einordnung, Auswahl und Anwendung der wichtigsten Methoden zur Unterstützung betriebswirtschaftlicher Entscheidungen. Jede Methode wird kurz und präzise vorgestellt. Der Leser kann am Ende jeden Kapitels die Methode unmittelbar anwenden und nützlich im Unternehmen einsetzen. So lassen sich komplexe reale Probleme strukturiert analysieren, auswerten und eine möglichst optimale Lösung bestimmen.

Das Buch wendet sich an Studierende der Wirtschaftswissenschaften und verwandter Studiengänge. Es dient darüber hinaus Fach- und Führungskräften in allen Unternehmensbereichen als praktisches Nachschlagewerk.

www.uvk-lucius.de/bwl-methoden